浜田寿美男著

自白の心理学

岩 波 新 書

721

浜田寿美男著

自白の心理学

岩 波 新 書

721

自白の心理学——目次

目　次

序　自白と冤罪

1　冤罪は遠い世界の話ではない

犯罪と冤罪

世に冤罪《えんざい》というものがある。遠い過去の話ではない。たったいま、私たちが生きているこの世の話である。それも数年に一例といった単位で、例外的に起きる偶発的な不運ではない。むしろ世の中の仕組みのなかに根ざした一種の構造的な不幸だといったほうがよい。しかし案外、このことが一般には知られていない。たいていの人は、それをほとんど自分には無縁のことだと思っているのであろう。

冤罪といえば、無実の人が強盗殺人で死刑判決を受けるといった重罪事件でのそれを思い描くことが多い。もちろんその種の冤罪が実際にある。しかし他方で、選挙違反事件で罰金刑を受けたケースや、交通事件で示談に終わらせたケースなど、世間の耳目を集めることのない軽微な事件にも冤罪はある。この種の冤罪になると、無実を訴えもせずに泣き寝入りするものが少なくない。あるいは刑法上の問題ではなくとも、不法行為を働いたなどの理由でゆえなく免職処分を受けるといった冤罪もある。

人間が行う刑罰・処分にはつねにまちがいがつきまとう。それゆえ冤罪もまた犯罪と同様、軽重こもごも、あらゆる種類におよぶ。そうして思えば、冤罪の裾野は広い。それは私たちにごく身近なもの、けっして遠い世界の話ではない。

自分は絶対に犯罪にかかわるようなことはしないと思っていても、犯罪の被害者になることは自分の意志で避けることができない。それと同じように、冤罪もまた決意だけでそれを免れることはできない。自分は濡れ衣を着せられるようないかがわしいことをしないとか、たとえ濡れ衣を着せられそうになっても、ちゃんと抵抗してみせるという人もいるかもしれないが、現実に起こる冤罪事件は、それほどなまやさしいものではない。冤罪を作り出す問題の過半は、私たち自身ではなく、私たちを囲む状況の側にあるからである。

だからこそ逆に、冤罪の実態をさぐることで、私たちが生きているこの社会のありようが浮かび上がってもくる。

小さな窃盗詐欺事件から

ごく最近に起こった小さな事件の話を、まずは紹介しよう。私たちが一般にマスコミを通して知ることができるのは、世間の耳目を集める大きな事件ばかりだが、この事件はたまたま特異な経緯をたどってマスコミに取り上げられることになった。私自身、マスコミの取材に協力するかたちでこの事件に出会い、また当事者からも直接に話を聞く機会をえた。

五〇歳になるAさんは、小さな窃盗詐欺事件で愛媛県の宇和島拘置支所に収監されていた。Aさんの受けた嫌疑は、懇意にしていたB子さん宅から預金通帳と印鑑を盗み、農協から五〇万円を下ろして奪ったというもの。一年あまり前の一九九九年二月一日、彼は任意同行で事情聴取を受け、わずか四時間でこの罪を認めて自白した。しかしほんとうのところは、まったく身に覚えのないことだった。起訴されてのちに彼は自白を撤回し、裁判では無実を主張したのだが、自分はやっていないといくら訴えても身柄は獄におかれたまま、獄中から一人で裁判を闘わなければならなかった。そして保釈もないまま約九ヵ月の審理を受けたすえ、その年の暮れに行われた論告求刑では、検察から懲役二年六ヵ月の刑を求められた。

冤罪の多くは、当事者たちの長い長い戦いのすえにようやく晴らされる。しかしこの事件の場合、突然、天から降ってくるようにして解決をみた。それは翌二〇〇〇年の二月二一日のことである。

突然の釈放

その日、彼のもとに、担当の国選弁護人が訪ねてきた。

獄に囚われたものの最大の関心事は、なにより身柄の釈放である。とりわけ身に覚えのない無実の人にとっては、判決の日が待ち遠しい。弁護士が拘置所に訪ねてきたのは、その判決を四日後にひかえていたときである。なんとか早く自分の無実を明かして家に帰りたいと、裁判所の判決を心待ちにしていたAさんは、弁護士の突然の来訪を告げられて、ひょっとして判決日が延期されたのではないかと、一瞬、不安がよぎったという。ところが面会室にやってきた弁護士は、Aさんの顔を見るなり、こういった。

「Aさん。実はあんたには、ここにおってもらったら困るんだよ」

思いもよらないことばに、Aさんは面食らって問い返した。

「なんでですか」

「なんでといって、犯人が捕まったのだ」

「えっ、どこでですか」

「お隣の高知県だよ。いまは詳しいことは言えないが、とにかく早くあんたをここから出さないと……」

裁判を受け、いまにも判決が下されようとする矢先に、真犯人が挙がったというのである。まったく考えもしなかった事態に、Aさんは驚き、しばらく呆然としたあと、ようやく事の次第を飲みこんで、こみあげる喜びに感極まって泣き出した。弁護士が席を立って出ていったあとも、Aさんは混乱した気持ちのまま、房に帰ってもしばらく涙がとまらなかったという。

その日の夕刻、Aさんは拘置所を出た。警察に逮捕されてから一年あまりの勾留生活は、こうして思いがけないかたちで終わった。

Aさんは逮捕から一年あまりの勾留の日々を振り返っていう。

「長かったなあ。もっと早く真犯人が出てくれていたら、夏の花火も見られたし、正月の雑煮も食えた。それに……」

それに釈放がもう一週間でも早ければ、彼のことを心配していた父親の死に目にもあえたはずだ。Aさんの父親は、釈放の三日前に病院で亡くなっていたのである。

体験したものにしかわからない?

もともと新聞に載ることもない小さな窃盗事件であった。しかしいくら小さな事件とはいえ、巻きこまれた当人にはけっして小さい事件ではない。いや、むしろ人生を左右しかねない大事件ですらある。現にAさんは、一年あまりの勾留のなかで、父を失い、長くつきあってきたB子さんとの関係を失い、そして職も失った。

ただ、Aさんの人生を大きく揺さぶったこの悲惨な事態も、もとをたどってみれば彼自身の自白に端を発していた。もちろん自白せざるをえないような状況に追いこんだのは警察であって、いまでも許せない気持ちでいる。しかし第三者的にいえば、身体的な暴力があったわけでも、まして拷問があったわけでもない。どうして否認を通せなかったのか。否認を通していたならば、逮捕も起訴もできなかったはず。そう思うとAさん自身、自分のことが悔しい。しかし、あのときはあのときでどうしようもなかったのだ。

出所後、Aさんは周囲の人から、やってもいないのにどうして自白したのかと、しばしばきかれた。ふだんからおとなしく、引っこみ思案だったこともあって、その性格の弱さが問題ではなかったかと、非難がましく言われることもあった。そのつどAさんはなんとか説明しようとするのだが、なかなかうまく伝えることができない。結局、最後は「あれは体験したものでないと……」といってことばを濁すしかなかった。

それにしてもこの事件で、真犯人が現れたのはまったく偶然であった。もし真犯人が捕まることがなければ、Aさんは検察の求刑に近い有罪判決を受けたかもしれない。Aさんの自白は、よくみれば矛盾だらけなのだが、いったん自分の罪だと認めた事実は変わらない。そしてこの自白の事実は裁判官の気持ちを大きく左右しかねないのである。現に担当の弁護人自身も有罪判決の可能性が十分にあったと認めている。もちろん初犯であったから執行猶予ぐらいはついたかもしれない。しかし、そうなればまして控訴して争う気持ちにはなりにくい。この事件は、そのままAさんが実際に犯した事件として、世に冤罪とも知られず埋もれてしまったかもしれないのである。

　Aさんはなにゆえこのような事件に巻きこまれたのだろうか。彼の側に何か落ち度があったわけではない。問題は彼を取り囲んで自白へと追いやった状況の側にあったという以外にないのだが、この点は、のちの第一章であらためて詳しく論じることになる。

2　冤罪のひろがり

冤罪の発生件数

　このような冤罪事件は、わが国でどのくらい起こっているのだろうか。実際にはその発生件数の推測はきわめて困難で、ごく大雑把なところでしか語れないのだが、「無実の罪に苦しむ」という大まかなところでくくれば、おそらく一年に数百件を下るまいと私は試算している。ただ、もとより何を冤罪と呼ぶかによって、その数はずいぶんちがってくる。

　刑事裁判において一年間に判決が確定する事件数は、略式起訴されるようなごく軽微な事件も含めて、ここのところ一一〇万件前後、そのうち無罪で確定するものが例年五〇例あまり、パーセンテージでいえば〇・〇〇五％である。統計的にはほとんど無視してよいほどの少数ということになるのかもしれないが、そのなかに入った個々の当事者にとっては、それだけで人生を左右しかねない大事件、これを無視するなどということはとてもできない。この無罪確定者に加えて、公訴棄却や免訴になるものが一年に五〇〇件前後あって、そこにも実質的に無罪に等しいものがかなり含まれている。

ただ、これらの事件を、ただちに冤罪と呼んでいいわけではない。実際、裁判で有罪が確定するまではいかなる被告人も無罪として扱われるというのが刑事裁判の建前である。この推定無罪の原則が徹底していれば、起訴されただけでは無実の罪をかぶせられたことにはならないし、少なくとも第一審で無罪が確定した事件などは冤罪といえない。

しかしわが国の実情では、裁判を受けること自体が刑罰に等しい重みをもって被告人に迫る。保釈条件が厳しく、重罪事件ならまず獄中から裁判を争わなければならないし、軽い事件でも否認していれば、Aさんのように簡単には保釈が適用されない。たとえ保釈されて、獄外で裁判を受けることができても、刑事被告人として社会の厳しい目にさらされる。それまでの職業をそのまま保持し、日常の社会生活をまっとうすることすら容易でない。そして長い裁判をへて最終的に無罪の判決を得たとしても、そこまでのところですでに実質的な刑罰を受けたに等しく、もはや取り返しがつかないということが多いのである。

こうした法の適用状況や社会の現実を見るかぎり、推定無罪とは名ばかりで、むしろ推定有罪といったほうがあたっている。そうだとすれば、裁判で無罪になり、あるいは公訴棄却や免訴になった事件でも、被告人自身がこうむった被害の現状から見るかぎり、立派に冤罪だといわねばならない。

いや起訴にまでいたらなくても、警察に逮捕されたというだけで、もう犯人にまちがいないかのようにいわれて、長期にわたる厳しい取調べにさらされ、身体的にも精神的にもたいへんな苦悩を味わうことがある。あるいは一九九四年の松本サリン事件でのように、警察の集中的な見込み捜査を受け、いまにも逮捕かとマスコミで騒がれて、集団リンチにもひとしい攻撃にさらされた男性のケースなどは、事が逮捕にまでおよばなかったにせよ、状況的には冤罪以外のなにものでもなかった。

冤罪と一言でいっても、こうして見れば、逮捕以前の集中的捜査、誤認逮捕、誤起訴、そして誤判と、さまざまのレベルのものがある。それらをすべて含めれば、年間数百例ではおさまらないかもしれない。

九九・九%を越える有罪確定率の陰で

なかでも悲惨なのは、裁判で有罪が確定し、刑に服してしまった無実の人たちである。戦後の日本に、死刑が確定してのち再審で「娑婆」に生還した事例が四例ある。免田《めんだ》事件(一九四八年)、財田川《さいたがわ》事件(一九五〇年)、島田事件(一九五四年)、松山事件(一九五五年)である。これらはいずれも一九五〇年前後に起きた殺人事件で、一九六〇年までには最高裁で死刑が確定していた。その後、それぞれが長い長い再審請求の努力を重ねたすえに、ようやく一九八〇年代になって再審の門が開かれ、一転無罪を得て、四人は生きてこの世に戻ってきた。この四人の確定死刑囚が三十余年にわたってなめた辛酸は、およそ筆舌に尽くせるものではない。

そのほか、死刑事件ではないが、弘前《ひろさき》大学教授夫人殺人事件(一九四九年)、梅田事件(一九五〇年)、米谷《よねや》事件(一九五二年)、徳島ラジオ商事件(一九五三年)などが、再審で無罪を勝ちえている。ただ徳島ラジオ商事件では、再審で無罪判決を得たとき、元被告の富士茂子さんはすでにこの世を去っていた。

これらはみな古い事件である。しかしこの種の冤罪が過去のものとなったわけではない。それはむしろ、重罪事件の再審で無罪になるのにはこれだけの時間を費やさなければならないという現実を物語っているにすぎない。

ここ一〇年の統計では、最終的に有罪で確定する事件が九九・九%を越えている。異様なほどに高いこの有罪率がかえって恐ろしい。このなかに無実の人が含まれていない保証はないからである。現在の再審の状況を見ると、年間平均で七〇件ほどの請求が提出されている。これだけの人々が有罪確定事件で誤判を訴えているのだが、再審開始の決定がなされるのは、そのうちの一〇件に満たない。しかもそのほとんどは簡易裁判所にかかった軽微な事件であり、重罪事件に対する再審の門はきわめて厳しい。

現に、古くからの事件でいまなお再審請求を繰り返している事件がいくつもある。もっとも古いところでは帝銀事件(一九四八年)がある。青酸化合物によって銀行員ら一二人が毒殺された大事件で、日本画家の平沢貞通《さだみち》さんが犯人とされ、死刑が確定したものの、冤罪だとの主張が繰り返され、世間でその風聞が強かったこともあって、死刑の執行ができないまま、一九八七年に平沢さんは獄中で死亡。その後、遺族が再審請求を引き継いで、現在第一九次の請求審が行われている。再審請求が実らぬまま確定死刑囚が獄死した例は、ほかに牟礼《むれ》事件(一九五〇年)がある。

この帝銀事件から少しあいだをおいて、名張《なばり》毒ぶどう酒事件(一九六一年)、狭山《さやま》事件(一九六三年)、波崎《はさき》事件(一九六三年)、袴田《はかまだ》事件(一九六六年)、布川《ふかわ》事件(一九六七年)、日産サニー事件(一九六七年)、三崎事件(一九七一年)、佐々木哲也事件(一九七四年)、富山事件(一九七四年)など、一九六〇年代から七〇年代にかけての殺人事件がつぎつぎと再審請求されている。最近では、足利事件(一九九〇年)が二〇〇〇年七月に上告棄却され、無期懲役が確定したため、弁護側は再審請求を余儀なくされている。

このうち名張毒ぶどう酒事件、波崎事件、袴田事件、三崎事件、佐々木哲也事件は帝銀事件と並んで死刑確定囚の再審請求である。これらが冤罪であるとすれば、死刑確定囚の冤罪が、さきの免田事件などの四件と合わせてこれだけで一〇件におよぶことになる。

再審請求がなされている事件のすべてが、ほんとうに無実であるかどうか、それはもちろんわからない。しかしこれまでわが国の警察・検察がいくつもの冤罪事件をくりかえし、またそれを裁判所が見抜けないまま見逃してきた歴史を振り返ってみたとき、そのなかのかなりが無実である可能性を覚悟せねばなるまい。

無罪判決を得る難しさ

有罪確定率九九・九%という数字は、また無罪を勝ちとることがどれほど困難かを示している。最後に無罪が確定した事件でも、そこに至るまでの道のりは苦難に満ちている。

たとえば八海《やかい》事件(一九五一年)は逮捕から無罪確定までに一七年九ヵ月の歳月を要した。もとは山口県の海べりの小さな村で起こった老夫婦殺しの事件である。事件発覚の翌日には近所の青年Yが逮捕され、「金目当てに一人で老夫婦宅に忍びこみ、見つかってしまってやむなく二人を殺した」と自白した。ところが現場の様子から複数犯を疑った警察がYをさらに追及したところ、単独犯行自白を取り消して、知り合いの青年らと一緒にやったとの自白が出てきたのである。これによって四人の青年たちが次々と逮捕され、拷問的な取調べで自白を取られ、結局五人の共犯事件として起訴された。

最初に逮捕されたYは逮捕時に着衣に大量の血痕が付着していたし、身体にも血液がこびりついていて、彼が犯行に関与したことは疑いようのない事実であった。そこで裁判ではYの単独犯行か、それとも後に連座した四人の青年たちを含む複数犯行かが争われることになった。この裁判は、その後おどろくほど複雑な経過をたどることになる。

最初の二審は、異例のスピードで進み、第一審（一九五二年）、第二審（一九五三年）ともに、検察の立てた複数犯行説を支持して、主犯と目された青年に死刑、Yには無期懲役、残りの三人にも有罪の判決を下した。五人は最高裁に上告するが、Yは上告審の途中で上告を取り下げたために無期懲役で確定。連座したあとの四人について審理が進められた結果、最高裁（一九五七年）は有罪判決を破棄し高裁に差し戻した。そして差戻し審（一九五九年）で四人全員に無罪の判決が出た。

ところが検察側から再上告があり、これを受けた最高裁（一九六二年）では先の無罪判決を再び破棄して差し戻した。第二次差戻し審（一九六五年）は主犯に死刑、他の三人にも有期刑の有罪判決を下した。これに対して被告たちが上告をした結果、三度目の最高裁（一九六八年）は有罪判決を破棄、今度は高裁に差し戻さずに、四人全員に無罪の判決を下し、長期裁判にようやく終止符を打ったのである。高裁と最高裁を二往復し、最高裁での審理を三度も受けるという異例の裁判であった。

この経緯を見れば、よほど複雑な事件だったのだろうと思うかもしれない。しかしその裁判の詳細に立ち入ってみると、どうしてこれほど歴然たる無実の証拠がくりかえし看過されたのだろうかと首をかしげたくなる。そもそもまったくの無実の人間を犯罪ストーリーのなかに組みこんで、真実らしく物語るのである。そこには当然、さまざまな矛盾や遺漏が生じる。被告人の無実の可能性を正当に思い描きさえすれば、冤罪を見抜くのはさして難しいことではない。しかし一九六〇年代でも無罪率は〇・五％前後、無罪判決は二〇〇件に一件という割合であった。裁判官にとって目の前の被告席にすわる人間のほとんどが有罪なのである。裁判官のもつこの期待値からして、事実上有罪推定に傾く危険性はきわめて大きい。現に八海事件の四人は一七年あまりにおよぶ裁判の過程で、七回の判決を下され、そのうちの四回は有罪判決、主犯とされた人物はいずれも死刑であった。

無罪判決を得る難しさは、いまも変わらない。いや無罪率がさらに低下している現状からすれば、以前よりもさらに難しくなっているといってよいかもしれない。一九九九年にようやく無罪で終結をみた甲山《かぶとやま》事件（一九七四年）は最近の典型例である。この事件も、その裁判過程は複雑だったが、八海事件とちがって、最後まで一度も有罪判決を受けなかった。にもかかわらず、その無罪確定までには、事件発生から二五年、起訴にはじまる裁判の審理も二一年におよび、八海事件の記録を軽く塗り変えてしまった。

この二事件ほど複雑な経過をたどらなかったにせよ、無罪確定までに幾多の困難を乗り越えなければならなかった事件はいくつもある。松川事件(一九四九年)や仁保《にほ》事件(一九五四年)、大森勧銀事件(一九七〇年)など、固有名詞をつけて語られる戦後の有名事件だけでも、すぐに数十の単位であがってくる。それらはほとんどが殺人などの重罪事件ばかりだが、名の知られない小さな事件でも無罪を勝ちとることは容易でないし、なかには有罪の判決を受けたまま、あきらめて刑に服した例も少なくないと推測される。

3　解くべき謎

冤罪の不幸

冤罪の歴史は過ちの歴史である。日本の戦後の刑事司法はこの過ちを数限りなくくりかえしてきた。人間のやることだからまちがいはあるといわれるかもしれない。しかしそこに巻きこまれた人の立場に立てば、まちがいだったといってすませられる話ではない。

刑事裁判のもととなった犯罪事件は、平穏な日常に飛びこんで人々の生活を破壊する。殺人事件で失われた命は取り戻せないし、残された遺族の悲哀は想像を絶する。あるいは強盗、傷害、強姦や誘拐などの犯罪にさらされた被害者は、その傷を容易に癒やすことができない。それ自体がたいへんな不幸である。それでもそこで真の犯人が捕らえられ、適切な審理のもとに裁かれるならば、事件はそれで正当に閉じることができる。ところがまちがった人間を逮捕して裁くとき、その不幸はさらに種々の不幸を呼びこんで、不幸の連鎖を構成してしまう。

第一に、そこに犯罪被害者以外のもう一人の被害者を生みだす。有罪が確定してゆえなき刑罰を受けるケースはもとより、冤罪者が最終的に無罪の判決を勝ちえても、それまでに被告として費やした歳月はかえってこないし、そのあいだに受けた事実上の冤罪被害はもはや償いようがない。

それればかりではない。まちがった人間を犯人として追及することで、結果としてほとんどのばあい、もとの犯罪事件の真相が隠されて見えなくなってしまう。真犯人が現れて冤罪が晴れるケースはまれで、苦闘のはてに冤罪者の無実が確定しても、あらためて事件の再捜査がはじまることはない。事件は結局、迷宮入り。犯罪被害者の思いは晴れない。

さらに、犯罪被害者たちは、逮捕、起訴、裁判の過程で、おのずとその被疑者・被告人に対して恨んでも恨みきれない思いをかかえる。それがほんとうの犯人に向けられているのならまだしも、冤罪でのように筋違いの人に向けられることになれば、これはさらに悲惨である。冤罪だと判明して無罪の判決が確定したとき、犯罪被害者たちの恨みはそれまで犯人視してきた人物にむなしくこだわりつづけるか、あるいは向かうべきところを失って放り出されてしまうか、いずれかしかない。

そして最後にもう一つ付け加えなければならない。まちがいは気づいた時点で正されるべきもの。冤罪もそれとわかった時点で正され、同時になにゆえそのようなことが起こってしまったのかが究明されなければならない。しかしわが国においては、これまで数知れない冤罪がくりかえされてきたにもかかわらず、これについて公の調査がなされたことが一度もない。これは驚くべきことである。人為による不幸が放置された結果として、とどめられるべき不幸が歯止めなくいつまでもつづいてしまう。ここにわが国の冤罪史上、最大の不幸があるといわなければならない。

うその自白

どうしてこのような冤罪が起こってしまうのだろうか。そこにはいくつもの要因が重層的にからみあっていて、これを解き明かすのは容易なことではない。ただ、その重大要因の一つが自白にあることはまちがいない。じっさい、冤罪事件のほとんどに自白がある。ここにすでに具体的な事件名をあげた二十数件の冤罪事件のうち、自白がなかったのは数件にとどまる。あとの事件にはすべて自白がある。しかもそれらの事件はいずれも軽微なものではなく、殺人という重大事件ばかりである。

こういう話をすると、たいていの人は「拷問がめずらしくなかった昔ならともかく、いったいいまの時代に、無実の罪をかぶって、自分のほうからこれを認めてしまうようなうその自白がありうるのか」と反問する。なるほどこの二十数件のうち、一九五〇年前後に起こった事件については、過酷な拷問に負けて自白した例が目立つ。しかしその後の事件についてはは直接の肉体的拷問がなされるのはむしろ例外的である。それでもしばしばうその自白が生じる。それはまぎれもない事実である。いったいなぜなのか。

この問いはこれまで幾度もくりかえされてきた。しかし多くの人々が納得するだけの答えが提示されてこなかったように、私には思われる。

実際に罪を犯した人間でも、疑われて尋問を受けたときには、ひとまず否認する。その心理は誰にもわかる。自分が犯人と知れてしまえば、刑罰を逃れることはできない。まして重大な犯罪なら死刑もありうる。そういう立場におかれた人が、否認して、自分の罪だと認めないのは、ごく自然な心理であろう。それゆえうその否認については、あえてその心理メカニズムを説明するまでもなく、誰もが納得する。

それとちょうど裏返しの関係で、無実の人が自分のやっていない罪をみずから認めて、うそで自白することなど、およそありうることではないと思う人が多い。もしうその自白があるとすれば、過酷な拷問があって耐えきれなかったか、あるいは被疑者が知的能力が低くて自分の身さえ守れなかったか、どちらかだろうと考える。また刑事取調べの実情をある程度知っている人なら、長期の勾留や厳しい取調べの結果、被疑者が精神に変調をきたして、うそで自白するというケースがあると論じるかもしれない。いずれにせよ、多くの人々の意識のなかでは、うその自白は例外的な事態でしかない。

もちろん拷問による自白も、被疑者の精神的な脆弱さ、あるいは一時的な変調による自白も、ケースとしてはありうる。しかし個々の冤罪事件を洗ってみると、こうした理由で説明できる例はむしろ少ない。現実には、拷問もなく、被疑者当人に知的な問題もなく、さらには一時的にせよ精神的な変調をきたした形跡もないのに自白して、のちにそれが虚偽だったと判明する事例のほうが、はるかに一般的なのである。

うその否認は自然、うその自白は例外的という素朴な思いこみでみれば、よほど特別な事情がないかぎりは、自白を真実のものとして信用することになる。日々、事実認定の仕事に迫られている裁判官や検察官の意識も、大半はその域を出ない。うその自白を見破ることができず、冤罪をとめどなくくりかえす原因の一つがここにある。

うその自白は自分の利益にならないどころか、逆に自分を悲惨な状況に追いこむ。そのことがわかっていて、それでも人はそのうそに陥ってしまう。容易には信じがたいことかもしれないが、それはおよそ例外とはいえない人間の現実なのである。このうその自白の謎を解き明かすことが、本書の課題である。

四つの問題

ここで、本書の取り上げるべき問題をあらかじめ四つに区分けして提示しておこう。

① 第一は、うそとは何かという問題である。うその現象は多様で、人間の生活世界のなかで思いのほか大きな領域を占めている。うその自白をそのなかに位置づけて考えておく必要がある。

② 自分の罪だと認めて有罪判決を受ければ、それなりの刑罰を受けなければならない。重罪事件なら無期懲役とか死刑という極刑もありうる。そのことがわかっていながら、やってもいない犯罪をやったというのはなぜか。その自白への転落過程にはいかなる心理メカニズムが働いているのか。これが第二の問題である。

③ さらに自白は、単にある犯罪を自分がやったと認めるだけでなく、それをどうやったのかを犯行筋書として展開しなければならない。実際にやっていればともかく、やってもいない人間がどうして犯行の筋書をそれらしく語ることができるのか。自白内容の展開過程にはいかなる心理メカニズムが働いているのか。これが第三の問題である。

④ 最後に、うそで展開された自白も、現場の状況や他の諸証拠を熟知した取調官によって録取されたものである以上、まったくの荒唐無稽ではありえない。それなりに客観的な状況に

合致しており、少なくとも一見はもっともらしく語られる。だからこそ裁判で見破られることなく有罪判決の決め手になってしまうようなことが起こるのである。では、これをどのようにして虚偽と見抜くことができるのか。自白の虚偽判別の方法を模索するのが第四の問題である。

この四つの問題は、いずれもまさに具体的で、それゆえ事例を離れて抽象的に論じることはできない。したがってここではすべて実際の個別事件に即して論を展開することになるのだが、他方で個別事件にはみなそれぞれに固有の顔、固有の脈絡があって、その事件の性格を説くだけでも相当のスペースを要する。その点の難しさを承知したうえで、以下それぞれの問題に対して、冒頭に触れた宇和島事件（第一章）、知的障害児施設で二人の子どもが溺死した甲山事件（第二章）、山口県で起こった一家六人殺しの仁保事件（第三章）、静岡県で起こった味噌会社専務宅一家四人の殺人・放火の袴田事件（第四章）を素材として取り上げる。もとよりどの事件も、四つの問題についてそれぞれ論ずべき点を含んでいる。それゆえこれを機械的に割り振ることには無理があるのだが、適宜重点の置き所を配分しながら、各章ごとに議論の焦点をしぼっていくことにする。

ともあれ、まずは冒頭で紹介した宇和島の窃盗詐欺事件を素材に、うそとは何かを考えるところからはじめることにしよう。

第一章　なぜ不利なうそをつくのか

1　宇和島事件と自白

頭のなかが真っ白になって

愛媛県宇和島市のAさんが、B子さん宅の窃盗容疑で警察に任意同行を求められたのは、一九九九年二月一日の早朝である。

Aさんは被害者のB子さんと一〇年あまりまえから親しくしていて、ふだんから彼女の家に出入りしては、寝泊りしたり、食事をさせてもらったりという間柄だった。任意同行を求められる五日ほど前のこと、B子さんが通帳と印鑑が見当たらないというので、家のなかを一緒に探したことがあった。しかし出てこない。預金先の農協に問い合わせてみたところ、一月のはじめに通帳から五〇万円が引き出されているという。半月以上も前に盗まれていたのである。B子さんはあわてて警察署に通報し、被害届を出した。

刑事たちがAさんのアパートにやってきたとき、彼は最初、この盗難のことで事情を聞きにきただけだろうと、あまり深刻には受けとめていなかった。ところが刑事たちは令状を見せて、Aさんのアパートの部屋を一通り家宅捜査したうえで、「署で事情を聞くから着替えを用意しておけよ」と告げたという。警察のほうではこの時点ですでに、Aさんに相当の容疑を抱いていたことがうかがわれる。

Aさんは、どうして着替えまで用意しろと言われたのかよくわからず、少し戸惑いながら、とにかく行って事情を説明せねばなるまいと、さしたる不安もなく、勤務先の会社に欠勤の断りの電話を入れて、警察署まで出向いた。

警察署では、二階の狭い取調室に入れられ、いかつい三人の刑事たちに取り囲まれて、「どうなんや、おまえがやったんやろ」と、最初から犯人扱いである。しばしば出入りしている家で盗難があったのだから、警察として一定の容疑をもつのは当然かもしれないが、ここまで決めつけて言われるいわれはない。そう思いつつも、ふだんからおとなしいAさんは怒りをおもてに表すこともなく、ただただ刑事たちの勢いに気おされながら、「やっていません」と弁明をくりかえした。ところがいくら言っても、取りあってくれない。

二時間ほども、そうした押し問答がつづいただろうか。やがて刑事たちは「証拠があがっているんだ。もう正直に言ったらどうか」と迫りはじめた。Aさんからすれば、やっていないのに証拠などあるはずがない。いったいどんな証拠なのかと聞いてみると、農協の防犯ビデオに顔が写っているのだという。

これにはAさんも、さすがに驚いて、「そんなはずはない」と強い口調で抗弁した。しかし刑事たちは、はなから彼の言うことを信用しない。このあたりから刑事たちは、机をドンとたたいて、語気を荒らげるようになった。

「素直に謝ればともかく、このまま認めなければそれだけ罪が重くなるぞ」

「あくまで否認するというなら、会社や親戚に調べを入れる以外にない。周りの人にそんな迷惑をかけてもいいのか」

などとも言われた。

身に覚えのない事件で、突然、警察に連行され、厳しい尋問を受けて、Aさんは頭のなかが真っ白になってしまった。そしていくら弁解しても聞いてもらえない苦しさに、やがて、もうどうでもいいという気持ちになる。そうなればもう自白までは時間の問題である。結局、Aさんは刑事たちに言われるがまま、「はい、私がやりました」と認めてしまった。警察署での取調べがはじまって四時間後のことである。

Aさんの場合、ここはまだ任意同行の段階である。とすれば、少なくとも法的には「私は帰らせてもらいます」と言える立場であった。しかし疑われて取調べの場にいるAさんにとって、心理的には任意同行も逮捕も区別はない。席を立つこともできず、心理的に追い詰められたまま、弁解に窮して、彼は自白する以外になかったのである。

取調べにおける自白は、もちろん「私がやりました」と認めただけで終わらない。認めれば、当然、次は「どうやったのか」と追及される。「どうやったのか」と言われても、ほんとうはやっていないのだから語りようがない。しかしやったと認めた以上、もう後戻りはできない。Aさんは刑事たちの追及にあれこれ想像をめぐらし、一つひとつ答えていく。答えにつまれば刑事たちが、ああじゃないか、こうじゃないかと、あれこれヒントを与えてくれる。そうして苦しい努力の結果、どうにかそれらしい自白調書ができあがっていく。

Aさんの最初の自白は次のようなものであった。

私は昨年、つまり平成一〇年一二月下旬頃の午後七時頃に、友達であるB子さんの家から印鑑一本を盗んでおり、そのことについては事実間違いありません。盗んだ印鑑については、それ以前にB子さんの家から盗んでいた農協の預金通帳から預金を引き出すために盗んだものです。

そして印鑑を盗んだ後、現実に、本年一月八日にS港のロータリー交差点の近くの農協に行って、さもB子さんの代理人のように装って、五〇万円を引き出し、自分のものにして騙し取っています。

引き出し、騙し取った現金五〇万円のうち二〇万円については、引き出した一月八日頃に借金先の私の勤務先であるX産業に支払いました。なお二〇万円を直接支払った相手は、事務員のYさんです。

残り三〇万円のうち一〇万円は、自分の自動車(白のトヨタクラウン)の後部座席の足元のマットの下に敷いて隠していましたが、つい先程、刑事さんに提出しております。

また残りの二〇万円については、引き出した後、パチンコなどの遊ぶ金、生活費等に使い、もう残っていません。

この自白調書ができあがったのち、これによって逮捕状の請求がなされ、Aさんはその日の夕刻に逮捕された。そしてその後一〇日間にわたって、自白内容がさらに詰められ、大量の自白調書を積み上げられて、二月一一日に印鑑の窃盗で起訴された。起訴後に否認に転じたが、もはや取り返しはつかず、六月二二日には通帳を盗み不正に金を下した詐欺罪で追起訴。そうして一年あまり、獄での生活を強いられることになったのである。

のちにみることになるが、この自白には他の客観的状況に照らしていくつもの矛盾点があった。取調官の側にAさんの無実の可能性を考える姿勢さえあれば、容易に見破ることができたはずのうそである。しかしAさんが犯人だとの確信に立って疑わない取調官たちにとって、このうそこそがほんとうである。多少ぼろが出てきても、それを当の取調官たちが適当な解釈をくわえて取り繕うのであるから、あばかれようがない。

Aさんのうそをあばいたのは、結局、真犯人の登場であった。

真犯人あらわる

Aさんが起訴されてから八ヵ月後、裁判も最終段階に入った一〇月、隣の高知県で一人の男が強盗傷害容疑で逮捕された。男は車を使って地方をめぐり、土地土地で窃盗をくりかえす常習犯で、取調べのなかでいくつかの余罪を自白した。そのなかにB子さん宅の事件が含まれていた。地元署にその知らせが入ったのは、翌年の一月六日である。

「まさか、そんなはずはない」というのが、そのときの警察署内の一様な反応だったという。警察からすれば、のちに否認したとはいえ、Aさんには詳細な自白があったし、その自白は大筋において客観的な状況と一致していた。それに防犯ビデオに写った犯人がAさんに似ているとの被害者B子さんの目撃証言もあった。こうした証拠に基づいて、検察はすでにAさんに対し論告・求刑を行い、あとは判決を待つばかりだったのである。

しかし、知らせを受けて警察・検察があわてて裏付け捜査を行った結果、隣県で捕まった男の自白は、現場の状況に完全に一致した。この地域の住人でもなく、被害者宅に出入りしたこともない人間が、想像だけで現場に合致する自白をなしうるはずがない。自白をとった高知県の捜査官もまた、当然現場のことは知りえず、誘導の入る余地はいっさいなかった。とすれば、この自白が真犯人のものであることは疑いようがない。それに男の容姿は防犯ビデオに写った人物の特徴と合致した。この男が真犯人であることはもはや否定しようがなかった。事件は窃盗常習犯の流しの犯行だったのである。

地元署に真犯人が出たとの知らせが入ってからも、Aさんはそのことを知らされないまま、なお一ヵ月半拘置所に留め置かれた。検察からの拘置取消申請を受けて身柄を釈放されたのは、二月二一日、さきに序章でも述べたように判決予定日の四日まえであった。

検察はこの段階で公訴そのものを取り下げることもできた。しかしここまで審理が進んでいる状況から考えて、論告のやりなおしを決断し、四月二一日にAさんに異例の無罪論告を行った。そして裁判所が五月二六日、正式に無罪の判決を下して、Aさんの事件は幕を閉じた。

真犯人の登場によって無実が明らかになるという事例は、かならずしもめずらしいものではない。しかし審理が終わってしまったのち判決までの間に真犯人が発覚するというのは稀有のこと。Aさんにとって、まさに不幸中の幸いであった。

2　うそを引き寄せる磁場

それにしても警察はどうしてAさんを犯人として決めつけ、それを疑うことなく突っ走ってしまったのだろうか。そこには他の冤罪事件にも通じる一つの典型的な流れをみることができる。

疑惑、証拠、そして確信

最初は、まず明確な根拠のない疑惑からはじまる。Aさんの場合もそうである。B子さんは、被害届を出すまでの半月あまりの間、部屋が荒されている様子もなく、まさか泥棒に入られているとは思いもしなかった。かといってB子さん自身は、当初とくにAさんを疑っていたわけではなかった。じっさいAさんは、警察への通報を勧めてもくれた。ところが警察で事情を説明したさい、家に自由に出入りできる人は誰かいないかと聞かれて、家の鍵をAさんに渡していたことを刑事に話したのである。警察は部屋が荒されていないことで、外から泥棒が入った可能性は低いとにらんだのであろう。疑惑の目はおのずとAさんに向けられることになった。

日常の人どうしの関係のなかでは、疑惑があってもとくに突き詰めてそれを追及することは少ない。ところが犯罪にからむ話で、そこに捜査権をもつ警察が関与すれば、疑惑は疑惑で終わらない。当然、疑惑は証拠を求めて動きだす。

B子さんから被害届を受けた二日後、警察は彼女を近くの交番に呼んで、農協から取り寄せた防犯ビデオの写真を見せている。そこに写っているのがAさんではないかとの裏をとるためであったのだろう。そこでのB子さんの供述調書は次の通りである。

私としても、家の戸締り状況や、鍵は私と長男とAさんしか持っていない状況から、ひょっとしてAさんが盗んだのだろうかと疑った時もありましたが、長い付き合いですし、そんなことをするような人には見えなかったので、Aさんを信じていたのです。

でも、農協の防犯カメラの写真を見て、私方の預金通帳から現金を引き出している男はAさんによく似ているので大変驚いたのです。

この供述がどのようにしてとられたのか、その具体的な状況はあきらかでない。しかしそれがどうであれ、この供述は警察にとって大きな証拠である。当初の疑惑はこの証拠を得て、一歩確信に近づく。あとはAさん本人を呼んで自白をとれば一件落着だと考えたのだろう。かくして任意同行でAさんを取調べの場に引き出し、Bさんの供述を突きつけて、彼を自白に落とすのに成功したのである。ここで警察は揺るぎなき確信に達する。

一般に、真相を解明できた捜査でも、外形的にはおそらく同様の流れをたどるのであろう。ただ、そこではつねに捜査側が自分たちの抱いた疑惑へのチェックが健全に機能している。しかしAさんの事件のばあいはどうだっただろうか。

Aさんの冤罪が明らかになってのち、B子さんはマスコミの取材を受けて、写真を見せられたときの印象を次のように語っている。

最初見せてもらったときは、白黒で、はっきりわかるような写真ではありませんでした。もう虫眼鏡で見てもわからないようなものでしたから、似ているとも似ていないとも言えませんでした。

じっさい、法廷に出された写真を見てみれば、B子さんがこう言うのももっともな、まことに不鮮明なものでしかなかった。にもかかわらず、さきのB子さんの調書には、はっきりと「よく似ているので大変驚いた」と書かれている。これはどういうことなのであろうか。当時の状況を検証してみると、そこに一つの線が浮かび上がってくる。

警察は外部から泥棒が入った可能性は薄いとして、内部の人間の犯行であろうとの想定のもとで、最初からAさんに濃厚な疑惑を抱いた。そこでAさんの身辺をあらい、あちこちに小口の借金があるなど、彼があやしいと思わせるような情報をいろいろ集めた。そしてB子さんの事情聴取のさいにそれを突きつけたらしいのである。ほとんど同棲同様に暮らす仲であったB子さんにも、そのいくつかははじめて聞く話だった。そのことでB子さんはAさんに裏切られた思いをもったという。

警察がAさん以外に犯人はいないとの線で捜査をすすめるなかで、B子さんもまたAさんへの不信感をつのらせはじめ、やがてAさんを犯人とする犯行物語に乗せられていったというのが、真相のようだ。最初は「虫眼鏡で見てもわからないようなもの」が、「Aさんによく似ているので大変驚いた」ということになってしまう背後には、そうした経緯があったと考える以外にない。

警察が濃厚に抱いた疑惑は、まるで磁力を帯びた磁場のように周囲の供述証拠を引き寄せ、あるいは歪め、無実者のまわりを有罪証拠で取り囲む。そうして逃れようのないかたちで被疑者を取調べの場に引きこみ、追及したとき、その同じ磁場がやがて被疑者本人の自白をも引き寄せてくるのである。

目撃供述とか自白とか、人のことばによって語られる供述は、本来、寡黙な物証のあいだをつなぎ、その空白を埋めて、真実の世界を浮かび上がらせるものと思われている。しかしそれは同時に、空白に忍びこむ疑惑に引き寄せられるようにして、虚偽の物語をいかにも真実らしく語り出しもする。そこに供述証拠の怖さがある。

うそを構成する要素

しかし実際にやりもしない犯行を人はどのようにして語るのであろうか。この点については、Aさんのうその自白内容に立ち入ってみなければならない。さきに引用した彼の最初の自白調書から、骨組みとなる供述要素を列挙すれば、次のようになる。

農協の通帳　印鑑を盗むより前に盗んでいた

印鑑　前年の一二月下旬に午後七時ごろ盗んだ

預金の引き出し　一月八日にS港のロータリー交差点の近くの農協でB子さんの代理人を装って五〇万円を引き出した

金の使途　二〇万円　一月八日ごろ勤務先に前借金を返済した　直接支払った相手は事務員のYさん

一〇万円　自分の車の後部座席のマットの下に隠した

残り二〇万円　パチンコなどの遊ぶ金や生活費にあてた

事件は、B子さん方から農協の預金通帳と印鑑を盗んで、一月八日に農協支所で五〇万円を引き下ろしたというもの。Aさんは自分がやりましたと認めた直後から、事件の骨格に当たる部分をほぼ自白していることがわかる。Aさんは、もし自分がこの犯行を行っていたとすればと想像して自白したのである。実際、彼のおかれていた状況からして、無実であっても、その気になればこれくらいの話はすぐに作ることができた。

真犯人ならば自分の記憶に刻まれた犯行体験を語るだけですむ。いいかえれば、真犯人の真実の自白はその犯行の体験記憶に起源をもつ。しかし無実の人にはもちろんその体験記憶がない。しかし追い詰められて自分がやったと認めた以上は、もはやなんとかそれらしい自白を考えだす以外にない。そのとき語りだすうその自白は、どういう起源からその供述要素を取り出してくるのだろうか。

一つは想像である。たとえばAさんがB子さんの印鑑を盗んだというとき、実際には盗んでいないのだが、盗むことのできた自分を想像する。ただしここでめぐらす想像はただの空想ではない。空想は現実からいくらかけ離れていてもよい。しかしうそはまさに現実との緊張関係のなかにあって、ある現実を実際とは違ったかたちで、しかも現実らしく説明するものでなければならない。取調官が把握している客観的証拠や現場状況と食い違う明々白々なうそをつけば、その場ですぐにばれて、取調官から非難を受けることは目に見えている。それゆえ種々の証拠状況を勘案しながらうそを考える。

たとえば印鑑を盗んだ時期についていえば、それはまず農協からお金が下ろされた一月八日以前でなければならない。またB子さんが印鑑を最後に実際に使った時期よりも後でなければならない。さらに盗んだというかぎり、B子さんに見つかっては困るわけであるから、自分が出入りしていて、しかもB子さんがいなかった時を選ばなければならない。そう考えたうえでの供述が「前年の一二月下旬のある日の午後七時ごろ」だったのである。

しかしそうした想像がおよばないものもある。たとえば農協から五〇万円のお金を引き下ろした日が「一月八日」というのは、B子さんから聞いていた可能性があるのでともあれ、その時刻が何時であるかについては最初の自白時点では言及されていない。それがのちに「お昼一二時一〇何分か」であったということになっていく。それは、犯人ではないAさんには知りえないことだし、また想像で当てられることでもない。警察が農協の防犯カメラの記録から得た情報を、取調官の追及の過程でAさんが聞き知ったものだと考える以外にない。

このように無実の人はうその自白を構成するために、取調べ以前に現場について知っていた周辺情報や他者から聞き知っていた伝聞情報、あるいは取調べの場で知った追及情報を供述起源として、それらを縫い合わせるようにして想像を働かせる。

しかし実は、それだけではうその自白を組み立てることはできない。それに加えてもう一つ重要な供述起源がある。それは被疑者当人の体験記憶である。そういうと奇妙に聞こえるかもしれないが、自分が「犯人になった」以上は、自分自身の現実の行動のうえにその犯行物語を矛盾なく乗せて、それを自分の体験として語らなければならない。つまりまったくの白紙のうえに架空の物語を自由に描くのではなく、あくまで自分の実際の生活体験のうえに犯行物語を重ねるのである。

たとえばAさんが五〇万円の使途を聞かれたとき、彼は自分の実際の体験をそこに組みこむ以外になかった。そこで事件があったとされる日以降で、大きな金を使ったことがなかったかどうか、みずからの体験の記憶をたぐりよせる。それで「一月八日ごろ勤務先に前借していたお金を二〇万円返済した」と供述している。それは彼自身の体験記憶によるものである。あるいは「一〇万円は、自分の車の後部座席のマットの下に隠した」というのも実際のことであった。現にこの供述に基づいて警察官が調べたところ、そのとおりに一〇万円のお金が封筒に入れられたかたちで出てきた。取調官としては、ここで被疑者の言ったことが裏付けられたと思って、彼の自白はほんものだと確信を深めたのかもしれない。しかしAさんの側からすれば、ふだんから大事なものや大金は人が探しそうもない車のマットの下に隠しておくようにしていたわけで、これをうその自白の素材として組みこんだだけなのである。

無実の人間はうその自白のなかで、自分の実際の体験を犯行物語に組みこみ、組み替える。そうしなければうその自白は成立しないのである。

まるでほんとうのようなうそ

被疑者の多くは、事件についてのマスコミ情報をはじめ、近隣に流される情報も知っているし、現場の状況についてもふだんから熟知している。また取調べのなかで種々の証拠を突きつけられることをとおして、そこで何が問題となっているかを知る。そのうえで自白するのである。そこに客観的証拠と合致するそれらしい自白ができあがることに不思議はない。

ただし見事なうそを一発の取調べで決めることは難しい。Aさんの場合もその最初の自白調書はまだまだ概括的でしかない。通帳を盗んだときの日時は、印鑑より前というだけで特定されていないし、通帳と印鑑をそれぞれB子さんの家のどこからどのように盗ったのかも明示されていないばかりか、農協からお金を下ろしたときの具体的な様子もまったく語られていない。こうした細部はその後の一〇日間にわたる取調べのなかで、一つひとつ積み木を積み上げるようにして組みこまれて、見かけ上の矛盾は整理され、目立った遺漏のないようにしっかり目張りができあがったところで、自白調書は完成する。

こうしてできあがった自白は、客観的な証拠や状況とも合致するし、本人の生活状況とも矛盾しない。それだけを読むかぎり、それは実にほんとうらしく、とてもうそとは思えない。無実の被疑者でもこれくらいのうそは十分に可能なのである。そして不幸なことに、被疑者が思い直して否認に転じても、もはや自白調書の山の存在は消せないし、簡単にはその信用性を突き崩すことができない。

Ａさんの自白について検察官は、真犯人出現以前の当初の論告で「その内容は犯人でしかなしえない供述を含んでいるとともに、具体的、かつ詳細で客観的証拠に符合していることなどに照らし、高度の信用性を有するものと認めるのが相当である」と述べている。こうした種類の信用性判断が、ほとんど常套句といっていいほど、しばしばなされるのが現状である。しかしＡさんのケースでは、真犯人の登場によってこれがまったくの空文でしかないことが証明される結果となった。

実際には、うその自白でもこの種の信用性判断をクリアできないもののほうがむしろ少ない。うその自白がどういう起源に基づいて、どのように紡ぎだされるかを知っていれば、それは容易にわかることなのだが、この事実が裁判の世界でいまだ十分に認識されているとはいいがたい。

３　うその自白はどこで破綻するのか

秘密の暴露

うその自白であっても、周知の客観的な証拠や現場の状況をそれなりに勘案し、ほんとうらしく語られるものである。そうだとすれば、そのうそを見抜くすべはないのだろうか。もちろんそんなことはない。うそはうそである。無実の人が語る自白にはおのずと限界がある。

一つに、無実の人の自白にはいわゆる「秘密の暴露」はありえない。想像では言い当てられないような内容を、取調官らの示唆なしに自白し、その後それが客観的な証拠によって確かめられたとすれば、それは被疑者本人の体験記憶に起源をもつ以外にない。たとえば殺人が疑われている事件で、まだ死体が発見されていなかったとする。その段階で被疑者が取調べを受けて自白し、みずから死体のありかを打ち明けて、現にそこから死体が見つかったならば、被疑者がこの事件に関与していたことは証明される。このように周囲の誰も知らず、被疑者本人だけが知っている秘密が自白において暴露されたとき、それがほんとうに被疑者の体験であったことを証明する。それだけに秘密の暴露は重視されてきた。

しかし、だからこそ逆に、うその自白においても秘密の暴露らしくみせかける脚色がしばしば行われる。Aさんの自白においても、取調官は盗んだ印鑑が「赤紫色の巾着袋」のなかに入れられていたとの供述をとって、その絵まで描かせている。そのうえで被害者のB子さんに確認した結果、それにまちがいないことが判明したという。このことをもって検察官は、Aさんの自白は真実であると主張した。Aさんがこの印鑑を盗んでいなければ、巾着袋のことは知りようがないというわけである。

しかしこれが真の意味の秘密の暴露であるためには、Aさんが取調べ以前にはこの巾着袋のことを知らなかったということが証明されなければならない。現実にはAさんはB子さんの家にしょっちゅう出入りしていたのであるから、B子さんがこの巾着袋をもっているのを見ていたかもしれない。また事件発覚前には印鑑がないといってB子さんと一緒に探したりもしているのであるから、そのときどういう入れ物のなかに入れていたかを本人から聞いていた可能性も小さくない。さらにいえば取調官がB子さんからあらかじめ情報を得ていて、尋問のなかでヒントを与えていた可能性もある。これらの可能性がすべて否定されないかぎり秘密の暴露だと断定することはできない。

無知の暴露

このようにして「供述の起源」という視点から見たとき、無実の被疑者の自白には、真犯人の秘密の暴露とちょうど対極にある自白特徴がみられる。

無実の人は、取調べ以前に入手していた情報と取調べにおいてあらたに知った情報に自分の体験記憶を織り交ぜて、想像で自白を組み立てる以外にない。しかし想像はしばしば現実からはみでる。真犯人ならかならず知っているはずのことを、尋問されるままに想像で語って、それが現実と食い違えば、取調官からその場でチェックされる。そうなればそのことが調書に記録されないまま、矛盾のない自白のみが残るのだが、被疑者が想像で語ったことのなかには、取調官もその場でチェックできないことがある。そのために調書に記録したのちに裏づけ調査をしてはじめて、現実と合わないことが判明することがある。それが真偽の微妙なことであれば、真犯人の単なる見まちがい、憶えまちがい、あるいは言いまちがいとも考えられるのだが、およそまちがいようのない供述要素をまちがえたとなれば、それは無実の人間が想像で語ったことを強く示唆することになる。

Aさんの自白から例をあげれば、だまし取った五〇万円の使途として、そのうちの二〇万円を彼が勤務先から前借していた金の支払いにあてたとする供述が好例である。Aさんはお金が引き下ろされた一月八日以降に大きな金を使ったことがなかったかどうかと考え、ちょうどそのころに勤務先に前借金を返済したことを思い出して、これを最初の自白調書の段階で供述したのである。取調官のほうでは、まだそこまでは調べが進んでおらず、Aさんの言うままにこれを調書に録取したのであろう。ところがあとでAさんの勤務先で調べたところ、なるほど前借金二〇万円の返済の事実は確認されたのだが、その返済日が一月七日だった。あたりまえのことだが、一月八日に下した金を一月七日に使うことはできない。

Aさんは二〇万円を返済した日を正確には覚えていなかった。ただ問題となっている事件の日が一月八日だと聞かされて、そのころのことだったと思い出して、下ろしたお金の使途としてこれを供述したのである。これはＡさんが想像でついたうそである。しかしそのうそそのものが、Ａさんがこの事件を知らなかったことを裏から証明している。無実の人間は実際の犯行を知らない。それゆえ自分が犯人になったつもりで想像でうその自白をしても、その自白そのもののなかに犯行への無知が暴露されてしまうのである。

真の「秘密の暴露」は自白が真犯人のものであることを証明するが、「無知の暴露」は自白が無実の人のものであることを証明する。このことに注目することで、自白そのものによって当の被疑者の無実を証明することもできる。

犯人になってつくうそ

ただ、論理のレベルでは、真犯人がその自白ですべてほんとうのことを言うとはかぎらないという理屈がありうる。たとえば、強盗で捕まった男が犯行を自白したあとで、被害者に対してわいせつ行為を働いていたにもかかわらず、これだけは頑強に否定するということがある。その種のうそは十分に理由のあることで、第三者にも納得できる。しかし五〇万円をだまし取ったことを認めたＡさんが、その使途についてあえてうそをつく理由があっただろうか。これだけは言いたくないという特別な理由のあることが別に証明されないかぎり、事件の本体を認めてしまった人間が枝葉末節の部分でうそをつく理由はない。

真犯人が捜査を攪乱《かくらん》し、自白にうそを交えることで、将来裁判で自白の信用性が否定されるかもしれないから、あえてこうしたうそをつくのだと、したり顔で言う論者がときにいる。しかし、それだけしたたかな被疑者なら、むしろ否認して有罪の危険性を避けるのがまっとうな心理というべきであろう。大小こもごものうそを交えることで取調べをもてあそぶ真犯人がありうることを全面否定はしないが、たとえそうした人がいるとしても、それはよほどそうした場に手馴れた累犯者にかぎられる。

無実の人間が取調べの苦しさに耐えられず、犯人になる以外にないという心境になって自白するとき、そこには秘密の暴露がけっしてみられない。また逆にその自白のなかに入りこんだ決定的なまちがいは、無知の暴露として当人の無実を証明する。この視点がしっかり理解され、供述分析のなかに取り入れられただけでも、うその自白によって裁判が支配されることはぐんと少なくなるはずである。

無実の人がうその自白に落ち、さらにうその犯行ストーリーを語るというのは、心理的にきわめて異常な事態であるように思われている。しかし犯人として決めつけられ、取調べの場で追い詰められ、決着をつけることを求められたとき、誰もが陥りうる、ある意味で自然な心理過程であることを知っておかねばならない。異常があるとすれば、それは被疑者の心理ではなく、当の被疑者を囲む状況の側の異常なのである。

宇和島事件では、真犯人が登場することで、Aさんの自白のうそが証明された。しかし本来はそれ以前のところでチェックできたはずのものであった。それが見過ごされた背景には、自白のうその何たるかがまだ十分に理解されていないということがあるのではなかろうか。私たちはここで、人間におけるうその現象を、一般論としてあらためて考えておかなければならない。

4　うその現象の諸相

人の世界はつねにうそにつきまとわれている

人はことばの世界を生きている。ことばは現実の世界に即しつつ、他方で現実を越えた世界を立ち上げる。そもそもうそは、この人間の条件そのものに深く根ざしている。それゆえうそを人間の例外的な現象と考えるわけにはいかない。うそはむしろ人間の常態に属することだとみたほうがよい。その証拠に、私たちのなかにうそをついたことがないという人を見つけるのは難しい。

現実を越えた世界を立ち上げるということで、私たちがまず思い浮べるのが、小説とか映画などの虚構かもしれない。それらも広義にはうそといえるが、ここで論じようとしているのは、もちろんその種のうそ（虚構）の世界ではなく、狭義の、いわゆる「うそ」であることはいうまでもない。この狭義のうそは、まったく現実から離れたところに現実らしき物語空間を作り出すのではなく、私たちが生きているこの現実のただなかに、もう一つの現実らしさを生み出して、当の現実を左右する。うその自白は単なる空想物語ではなく、まさに現実との緊張関係のなかで、現実を現実とは異なったかたちに立ち上げるのである。

たとえば子どもがテーブルの上の花瓶をうっかり落として割ってしまったとする。その現場は誰も見ていないのだが、そこにやってきた母親が割れた花瓶をみつけて、どうしたのかと聞くと、子どもは猫がひっくり返して割れたのだという。それはもちろん子どもがとっさに思いついた作り話である。しかしそれは単なる空想ではない。さっきまで割れていなかった花瓶が割れているという現実を目の前にして、これを実際とは異なるかたちで説明し、なんとか自分の失敗を隠し、それによって母親とのあいだの現実の緊張を解こうとしているのである。

あるいは宇和島事件でAさんが五〇万円を下ろしたと認めたとき、ではそれを何に使ったのだと説明を求められて、そのうちの一〇万円は「自分の自動車（白のトヨタクラウン）の後部座席の足元のマットの下に敷いて隠していました」と答えた例を思い出してもらえばよい。警察が実際にAさんの車を調べてみると、いったとおりのところに一〇万円があった。「下ろした金の一部を車のマットの下に隠していた」というのはうそであったが、「車のマットの下に一〇万円を隠していた」ということ自体はほんとうだった。うそはほんとうらしくつかなければならない。したがって、この種のうそは現実の一部を組みこんで、それらしく語るのであって、いわゆる作り話とはそもそも次元を異にする。それは、生活のなかに埋めこまれた現実次元のうそなのである。

人はそのようにしてことばを操り、それを現実のなかに組みこんで、たがいの生活をからめながら生きあっている。

うその個体モデルと関係モデル

うそは誰にとってもなじみ深い現象であるにもかかわらず、案外この現象について私たちは固定的な観念に囚われている。つまり「うそは自分勝手な思いで、自分自身の利益のために、自分の側から積極的に他者をだますものだ」という観念である。うそは泥棒のはじまりなどといってうそをたしなめる言い方のなかに、そのことはよく表れている。たとえば相手をだまして利益を得ようとしたり、自分の失敗を隠して相手にさとられないようにごまかしたりするうそが、その典型例としてイメージされる。そこでは、個体の側の都合や欲求がさきにあって、それに主導されるかたちでうそがたくらまれるのだと考えられている。これを便宜的に「うその個体モデル」と呼んでおく。

なるほどこのモデルにぴったりあてはまるうその例も少なくない。しかしそれは人間のうそ現象の一部にすぎないことは、少し視野を広くとればすぐに気づく。人間は相手を喜ばせるのが大好きな生き物である。また相手が悲しむのをできるだけ避けようともする。そこで、ほんとうはそう思っていないのに相手をほめちぎったり、相手がショックを受けるような事実をあえて隠して安心させたりする。この愛他的なうそは個体モデルからあきらかにはみ出す。ただこの種のうそでも、もっぱら相手のためだとはいいきれない。

たとえば身内が胃がんとわかって、それを告知せず、ただの胃かいようだといってうそをつくとき、それは表向きは相手をむやみに苦しめたくないとの思いのゆえである。しかし同時に、苦しむ相手を見たくないという自分の側の思いのゆえでもある。それはどちらの利益のためのうそだというより、むしろ関係のなかのうそだといったほうがよい。

そうしてみれば、まったく利己的なうそにみえるものでも、相手によく思われたいというたぐいの関係意識が強く背後にあることが少なくない。自分の失敗を隠すうそなどは、自分の利益を守るというよりも、相手から悪く思われたくない、非難されたくないという相手への意識が先導していることが多いものである。

あるいは実験的に仕組まれたこんなうそもある。八人の人たちを一緒に同じ部屋に入れて、まず一本の線分(図の「刺激」)を全員に見せる。ついでその線分を隠したうえで、三本の線分A、

B、Cを見せて、どれがさきに見せたのと長さが同じかを聞く。およそ微妙な差ではなく、たとえば左図の場合、誰がみてもBが正解であることがわかる。ところが実は同席する八人のうちの七人はサクラで、実験者の指示どおりに答えることになっていて、ほんものの被験者は一人だけである。答える順番は決まっていて、サクラの七人がさきに答え、最後に被験者が答える。もちろん被験者はこの作為を知らず、自分は八人の被験者の一人だと思っている。さて最初の数回は、サクラもみたままに答えることになっていて、したがって八人の答えはおのずと一致する。その意味でまことに退屈で、つまらない実験にみえる。ところがある回から、サクラは実験者の指示どおりに答えをまちがえはじめる。たとえば正解はあきらかにBなのに、あるとき最初の人がAと答える。それを聞いて真の被験者は「えっ」と思う。ところが次の人もAと答える。信じられない。さらに次の人も、次の人も……。結局、自分より前に答えた七人はいずれもAだと答える。とうとう自分の番になったとき、その被験者は見たとおりに正解を答えることができるかどうか。おおくの被験者が冷や汗が流れる思いのなかで、自分もAと答えてしまう。こうした場面におかれたとき、人は自分のほんとうの判断を偽って、周囲の人々の答えに同調してしまうのである。

アッシュの実験で用いられた刺激図の一例（H.F.ハーロウ『愛のなりたち』ミネルヴァ書房，1978年，198頁より）

この同調実験は、うその実験でもある。その結果からあきらかなように、人は他者との対立を好まず、他者に同調して自分を偽ることがある。周囲の誰もがあることを一致して確信しているとき(少なくともそうみえるとき)、その確信の表明されるその場は一つの強力な磁場として、異なる意見に圧力を及ぼす。その磁場にさらされて陥るうそは、およそ個体モデルにはおさまらない。

この実験は一つの極端例である。しかし自分自身の利害にかかわらず、純粋に関係のレベルで人がうそをつくことがあることを端的に示している点で興味深い。うそが関係の磁場のなかで生まれるのである。

うそが関係の場のなかで生まれるというモデルは、あらゆるうそにあてはめることができる。自分の側の利益だけを全面に出してつく詐欺的なうそは、自分の側が主導権を握って、関係の場を能動的に支配しようとする一つの極端例であり、いまの同調実験でのうそなどは、完全に関係の側に主導権を握られた受動のうその極端例である。あらゆるうそはこの両極のあいだに分布するといってよい。これが「うその関係モデル」である。

あばかれるうそ、支えられるうそ

うその関係モデルのなかで、自分の側がその場の主導権を握り、その場を左右する能動のうそと、反対に関係の場ないしそのなかの誰かに場の主導権を握られて、その場に左右されるかたちでつく受動のうそとのあいだには、うそをついたあとの経緯に決定的な差がある。

前者の場合、うそは自分の利益のためにつき、結果としてそのうそはつかれた相手に何らかの不利益、不都合をもたらす。平たくいえば、そこでは一方がだまし、他方がだまされるという〈だます―だまされる〉関係となる。したがって、だまされた相手はそれと気づいた段階で、これをあばこうとする。つまりそれは〈だます―あばく〉関係でもある。

ところが場の力によって陥る迎合的なうそでは、そうはならない。なにしろ場の圧力に負けてうそをつかされてしまったのである。このとき周囲の人はだまされるのではない。

さきの同調実験の場合などは、周囲の人々はただのサクラで、被験者がどう反応しようと直接には何も言わないのだが、それでも被験者はそこに無言の圧力を感じる。ましてそこで周囲の人々がほんとうにひとつのことを一致して確信し、それを当人に積極的に求めているとすればどうであろうか。うそでも、その場の確信に合う方向のものは、おのずと周囲から支えられる。このうそはむしろ〈そそのかされ〉、〈支えられる〉のである。

取調官たちが、捕らえてきた被疑者をほんとうの犯人だと確信して取り囲んでいるとすれば、そこでの自白は、うそであるとほんとうであるとにかかわらず、周囲から支えられる。もちろん被疑者が真犯人ならばそれで問題はないかもしれない。しかしそれが無実の被疑者だとしても事態は同じ。つまりうそでもその場の圧力にそうものは、あばかれるどころか支えられる運命にあるのである。

宇和島事件のAさんが取調べられた場は、まさにそういうものであった。否認はうそだとしてあばかれるが、逆に自白は場の確信にそうがゆえに支えられる。しかもそうして搾り取られた自白は、取調官たちの確信をさらに高めることになる。

あるわいせつ事件

同様のことは刑事取調べの場にかぎらず、もう少し日常的な世界でも起こる。数年前にある公立小学校で男性教師が、担任していた小学校二年生の女の子にわいせつ行為を行ったとして懲戒免職の処分を受けたことがある。そのことを報じた新聞記事には「休憩時間などに教室で女子児童をひざに乗せて体を触った。保護者の指摘に、「いたずらは絶対にしていない」と否定していたが、最後には事実を認めた」(読売新聞、一九九七年三月二七日、夕刊)と記されている。

この記事のかぎりでは、教師が最初は「いたずらはしていない」とうそをいってだましていたのだが、保護者の追及によってこのうそはあばかれたのだというふうに読める。もとより教師がいたずらをしたのが事実ならば、この理解でよい。しかし事件の当事者から話を聞いてみると事情はそう単純ではない。

第一に、問題とされた教師は、保護者からの訴えがあったのち、子ども本人はもとより保護者とも、直接に話をする機会をもてなかった。というより特定の保護者からの訴えを聞いた校長らが、問題が大きくなることをおそれて、面談の機会を回避させたという。

しかも被害者であるはずの女の子も、先生にいたずらされたと自分から訴えたのではない。子どもはひょんなきっかけで、股に手をあててそこにぐりぐりがあるということを親に話したらしい。この「ぐりぐり」を女性器のことではないかと思った親が、そんなことを誰から聞いたのかとただしたところ、子どもが「先生」と答えたのだという。子どもが言ったのはそれだけである。ところが親はその一言をとらえて、娘が学校で担任の先生にいたずらされたのではないかとの不安にかられた。これが事の発端であった。そしてその後、当の親が同級の保護者に声をかけ、わいせつ事件ではないかとの話が盛り上がっていくのだが、その過程で子ども本人にしっかり事実を確かめたのかというと、子どもを混乱させたくないという理由で、誰もそれはやっていない。

のちになって、ぐりぐりのことを聞いたという「先生」が、実は子どもの通っていた学童保育の女の先生らしいことが判明する。それにその「ぐりぐり」というのも太もも上部に腫れた部分があったことをいっていたと思われる。しかしそのことがわかったのは当の教師が行政処分を受けてからのことであったという。

そのことはともあれ、当事者である子どもと教師の話が横におかれたまま、情報はもっぱら保護者たちと校長らのあいだで交わされ、不安と怒りに突き動かされるかたちで、保護者の一部や校長たちはやがて教師のわいせつ行為をほとんど確信するにいたったようなのである。そうしたなかで教師への追及が行われた。しかし問題の教師は否認する。校長らは、新聞ざたになるようなことがあっては困る、事が大きくならないうちに、ここは保護者の言うことを認めて謝罪してはどうかと強力に迫った。

問題になった教師のほうでも、相手が小学二年の子どもたちだから、休み時間など抱っこをせがんだり、ひざの上に乗って遊んだりする、そんなときこちらで気づかずに股間に触れることがあったかもしれないと思ったりした。そうした疑心暗鬼のなかで圧力に抗しきれないまま、結局、教師の側が折れて謝罪文を書いたのだという。

この教師がほんとうにいたずらをしているのであれば、否認のうそを周囲の人々の力であばいたのだということになる。しかしこの教師が無実だとすればどうだろうか。自分のなかの真実を守って否認している教師に対して、周囲の人々が強く謝罪を求め、うその自白を促し、教師は心ならずもそれに乗せられてうそをついた。そして現実に自白し、謝罪したあと、周囲はそのうそをあばこうとするどころか、逆にそれを支え、固めて、証拠化する方向で動いたのだということになる。

うそはうそであるかぎり、本来はあばかれなければならない。しかしそのうそがほんとうだと思われたときには、むしろそれを促され、支えられることもあるということに、ここであらためて気づく。うその自白はこの種のうその典型なのである。それを、通常のうそと同列にならべて、〈だます―あばく〉という枠組のなかで理解しようとしたのでは、その実相をとらえることはできない。これはうその自白を理解するための重要なポイントの一つである。

周囲の確信とうそ

こう考えてきたとき、うそはそのうそをつく当事者の問題である以上に、うそをあばこうとしたり、あるいは結果として逆にそのうそをそそのかしたりしてしまう周囲の関係の場の問題であることに気づく。

とりわけ注目しなければならないのは、追及する側が抱く疑惑の深さである。事件への関与―非関与を五分五分で疑っている程度であれば、相手の言い分をそれなりに汲むことができる。しかし疑惑がほとんど確信の域に達していれば、まったく聞く耳をもたないということにもなる。そうなると疑われている当人が自分の真実を言い通すのは容易でない。追及する側と追及される側のあいだに力の落差があればなおさらである。

そうはいっても事柄の真実を一番よく知っているのは本人ではないか。周囲がどれほど確信をもって追及しても、それだけで自分の真実が揺らぐことはあるまいという人がいるかもしれない。しかし現実はその理屈どおりにはいかない。黒白の決着をつけなくてもよければ、対立は対立で、その場を終えることもできる。しかし人はしばしば決着をつけざるをえない場面に追いこまれる。そのとき追及する側が折れるか、あるいは追及される側が折れるか、最後に事を決するのは、その場を支配する力の強さである。

しかも追及する側は、おおくのばあい、問題の出来事に立ち会った当事者ではない。取調官などはあくまで第三者である。その第三者でしかない人間が、根拠もなく物事を確信することはないだろうと思われやすい。しかしこれまた、現実はそう単純でない。人はどのようなときに確信をもつかを考えてもらえばよい。私たちは素朴に、握っている証拠がたくさんあるほど確信は強くなると考えやすい。しかし現実の事例をみればすぐにわかることだが、人の抱く確信の強さはかならずしも証拠の強さに比例しない。

さきの担任教師のわいせつ事件にしても、直接に教師から事情を聴取した校長らは、ただ保護者から話を聞いただけであったし、その保護者も娘から股のぐりぐりの話を聞いたにすぎず、娘から具体的な被害の訴えを聞いたわけでもなかった。そこには証拠らしい証拠はほとんどない。にもかかわらず、一言の情報から生まれた疑惑が、親の不安によって次第にふくらみ、周囲の保護者とのやりとりをとおして相乗的に肥大し、「事件」として学校に訴えられたときには、ほとんど確信の域に達していた。校長らはそれを冷静に判断するよりも、事件化を恐れるあまり、事件を前提として教師から謝罪をえることに奔走した。そこではなんらの物的証拠もなしに、ただことばによる情報がぐるぐると渦巻いて、不安や怒り、恐れや憎しみなどの情動を巻きこむかたちで確信が深まり、最後にはなまなかな力では抵抗できないほどの威力を帯びるにいたったのである。

ものごとへの確信は証拠に比例しない。うわさの伝播について、もとの情報があいまいで、かつそれを受け取る人にとってその重要度が高いほど、その伝播力は大きいといわれる。そしてそこでも当初はあいまいな情報がやがて確信となり、ときに人々の過激な行動を突き動かすことが知られている。たとえば、かつて関東大震災のさい、根拠のない流言飛語によって大量の朝鮮人虐殺がなされた事実は、その恐ろしい例の一つである。

確信の自己成就

人は不断にうその世界につきまとわれている。それは個々人が勝手気ままにうそをつきまわるということではない。むしろ自他の関係のなかからおのずと湧き上がってくるかのようにして、うその世界は作り出されていく。とりわけ現実次元で決着を求められる場面におかれたとき、人はしばしば深刻なうそに陥る。そこには自分自身がかかわった既知の過去の事実について、これを頑強に否認するうそもあれば、逆に自分がかかわっていないと知っている事実について、これを認めてしまううそもある。ここでも事を決するのは自己にかかわる利害だけではない。問い責める周囲の確信が大きな力となって、その場を強く支配する。その力はうそをあばきもすれば、反対にうそをそそのかしもするのである。このようにしてうその世界の広がりを捉えてはじめて、うその自白の位置がみえてくる。

取調官は実際に犯行の現場を見たわけではない。事件ののちに現場を検証し、諸証拠を集めただけの第三者である。犯人を直接にうかがわせる証拠が現場に残っていれば別だが、そうでないかぎり誰が犯人であるかは、想像の域をでない。にもかかわらず、現場のわずかな状況から特定の人物を犯人とする一つの物語を描き出して、突っ走ってしまうことがある。宇和島事件のAさんのケースはその一つの典型であった。

確たる証拠がないにもかかわらず、被害者に近く、いつでも印鑑、通帳を盗み出せる立場にあったとしてAさんにねらいが定められた。賭け事が好きで、サラ金から小口の貸出しを頻繁に受けていたとの情報が疑惑を深めたのかもしれない。その疑惑はやがて単なる疑いの域を越え、ほとんど確信のかたちをとって、被害者のB子さんにまで迫り、そこから防犯カメラの男はAさんに似ているとの供述が引き出された。こうしてAさんへの容疑は相乗的に高まり、もともと証拠のない話が真の物語として確信されていく。この周囲の確信が、被疑者当人を取り囲み、うその自白がそそのかし、また支えていったのである。皮肉な言い方をすれば、証拠が確信を生むのではなく、確信が証拠を生むのである。

疑惑が確信へと走り出す。そして確信はその権力性とあいまって、証拠を引き寄せ、いわば自己成就する。この流れを遮る歯止めはなかったのだろうか。少なくとも警察や検察は捜査の専門機関であって、素人集団とはわけがちがう。世間の信頼はそこにあるはずである。しかし捜査の現実はしばしばこの期待を裏切る。

被疑者は無実かもしれないという可能性を少しでも考えていれば、自白のうそをあばくことはできる。ところがわが国の刑事取調べにおいて推定無罪は名ばかりで、取調官は被疑者を犯人として断固たる態度で調べるというのが常態になっている。実際、警察官向けのあるテキストには、こう書かれている。

> 頑強に否認する被疑者に対し、「もしかすると白ではないか」との疑念をもって取調べてはならない。（増井清彦『犯罪捜査一〇一問』立花書房、二〇〇〇年）

これは驚くべきことである。こうした姿勢で迫られたとき、これに耐えることのできる人は少ない。Ａさんのケースも例外ではない。彼の悲劇もまた、このマニュアル通りの取調べによってもたらされたのである。

Aさんの無罪判決が確定したのち、警察はこの誤認逮捕事件について、その責任を問う処分はしないとの決定を公表した。Aさんを逮捕し、自白をとったというその結果はまちがっていたが、その取調べ手続きに大きな過ちはなかったと判断したのである。しかしこれは、偶然のミスが重なった単なる不運だったのであろうか。

この問題を考えるためには、うその自白の謎を、事例に即していま少し深く踏みこんで分析せねばならない。Aさんの場合はわずか四時間で自白に転落したために、その転落の様相があまりはっきり見えなかった。その点、甲山事件の山田悦子さんの事例は示唆に富んでいる。次章では、この甲山事件についてみることにしよう。

第二章　うそに落ちていく心理

1　甲山事件の出発点

事件から四半世紀後の無罪確定

甲山事件の被告山田悦子さんは、一九九九年九月二九日に三度目の無罪判決を得て、翌月八日、検察の上告放棄で無罪を確定させた。事件が発生し第一次の逮捕を受けた一九七四年からかぞえて二五年、第二次逮捕で起訴されてからでも二一年におよぶ。赤ちゃんが生まれ出て、成人し、次の世代の赤ちゃんを生み出すまでになるその一世代分を、山田さんは被疑者として、あるいは被告人として生きてきた。いや実際、第二次逮捕のとき乳飲み子だった娘さんが、無罪確定時にはすでに二二歳。これほどの長期の裁判を、はたして裁判の名のもとに許してよいのかどうか、根本的な疑問にとらえられてしまう。

無罪確定までに四半世紀を要した事実を前にして、それほどこの事件は複雑だったにちがいないという人がいる。しかし事件のなかに深く立ち入って検討してみれば、事件そのものが複雑だったのではない。むしろもともと単純だった事件が、周囲の種々の思いこみによって、その後さまざまな経緯をからみつかせ、とてつもなく複雑な様相を呈するようになってしまったのである。

歴史は単なる事件の羅列ではない。一つの事件が起これば、その事件をめぐって多くの言説が交わされ、その言説が次の事件を引き起こす。そしてこの第二の事件をめぐってまたしても多くの言説が交わされ、これが第三、第四の事件を引き起こしていく。まるで玉突きの球のように、次々とあらたな事件を突き出して、はては最初の一突きからは想像できない複雑な広がりをみせることになる。甲山事件が裁判としてようやく終結して、あらためてこれを振り返ったとき、そんな感慨にとらえられる。

殺人事件だったのか

事件は一九七四年三月、兵庫県西宮市にあった知的障害児施設甲山学園で、二人の園生M子ちゃん(一二歳)とS君(一二歳)が連続して行方不明になり、その後、学園内の浄化槽で溺死体となって発見されたことにはじまる。

甲山学園は重度の子どもたち五〇名、中・軽度の子どもたち五〇名、計一〇〇名定員の入所施設であった。標高三〇〇メートル余りの甲山の中腹にあって、周囲は雑木林や墓地に囲まれている。M子ちゃんとS君は中・軽度対象の青葉寮に生活していたが、障害の度合はかなり重く、二人ともことばでのコミュニケーションの難しい子どもだった。

最初は三月一七日、三時のおやつから夕食までのあいだにM子ちゃんが行方不明になった。警察に通報し、手のあいた職員が手分けして必死になって探したが見つからず、そのさなか、一九日の夜八時すぎ、小学生年代の子どもたちの就寝時間になって、寮内を見回った指導員がS君のいないことを発見した。ふたたび全職員が動員され、警察官も一緒になって学園の内外の捜索を行った結果、青葉寮裏の浄化槽から二人が溺死体で発見されたのである。このときマンホールのふたは閉まっていた。

警察はこの状況からただちに殺人事件と断定、翌朝四時には捜査本部を設置し、九時には現場検証と聞き込みのために五〇人におよぶ捜査員を投入した。しかし、そもそもこれはいわゆる殺人事件であったのかどうか、問題はこの出発点にあった。当時の園長は責任者として、翌日の朝刊に次のような談話を載せている。

二人の子どもを同時になくし、悲しみに耐えない。子どもを預けてくれた父母の信頼にこたえられず、強く責任を感じている。指導員、保母は人員不足の中で努力しているが、二件の事故とも、こうした状況の中で起き、申し訳なく思っている。（神戸新聞、一九七四年三月二〇日）

ここで園長が「二件の事故」と語っていることが注目される。彼の認識のなかでは、それは事故であって事件ではなかった。まして殺人事件であるなどとは、思いもよらなかった。それは園長一人の認識というより、職員の多くの認識でもあった。

夜など、男性指導員一人、保母一人の二人で五〇人近い子どもたちをみなければならない。そのなかにはことばでのコミュニケーションのままならない子も多く、排泄や衣服の着脱など基本的な生活習慣さえ介助を要する子も少なくなかった。それに子どもたちが個々に危険性の認識を十分にもてていたかどうかも確かではない。二人が溺死していた浄化槽には、検証の結果、ブリキの玩具など、子どもたちが投げこんだとしか思えないものがいくつも見つかっている。子どもたちはふだんから浄化槽のコンクリート台を遊び場にしていて、ときにマンホールを開けて、ものを投げこんだりして遊んでいたのである。

人手が足りず、およそ豊かな処遇を望めない状況のなかで、職員のあいだにはいくつもの不安材料があった。それゆえ二人が溺死体で見つかったとき、職員の大半は子どもたちどうしのあいだで起こった、限りなく事故に近いなにかではないかと思ったという。それをあえて事件と名づけるとするなら、それは殺人事件ではなく、むしろ福祉的処遇の貧困による「福祉の事件」であった。

ここに子どもたちのふだんを知っている職員たちと、それを知らない捜査官たちとの決定的

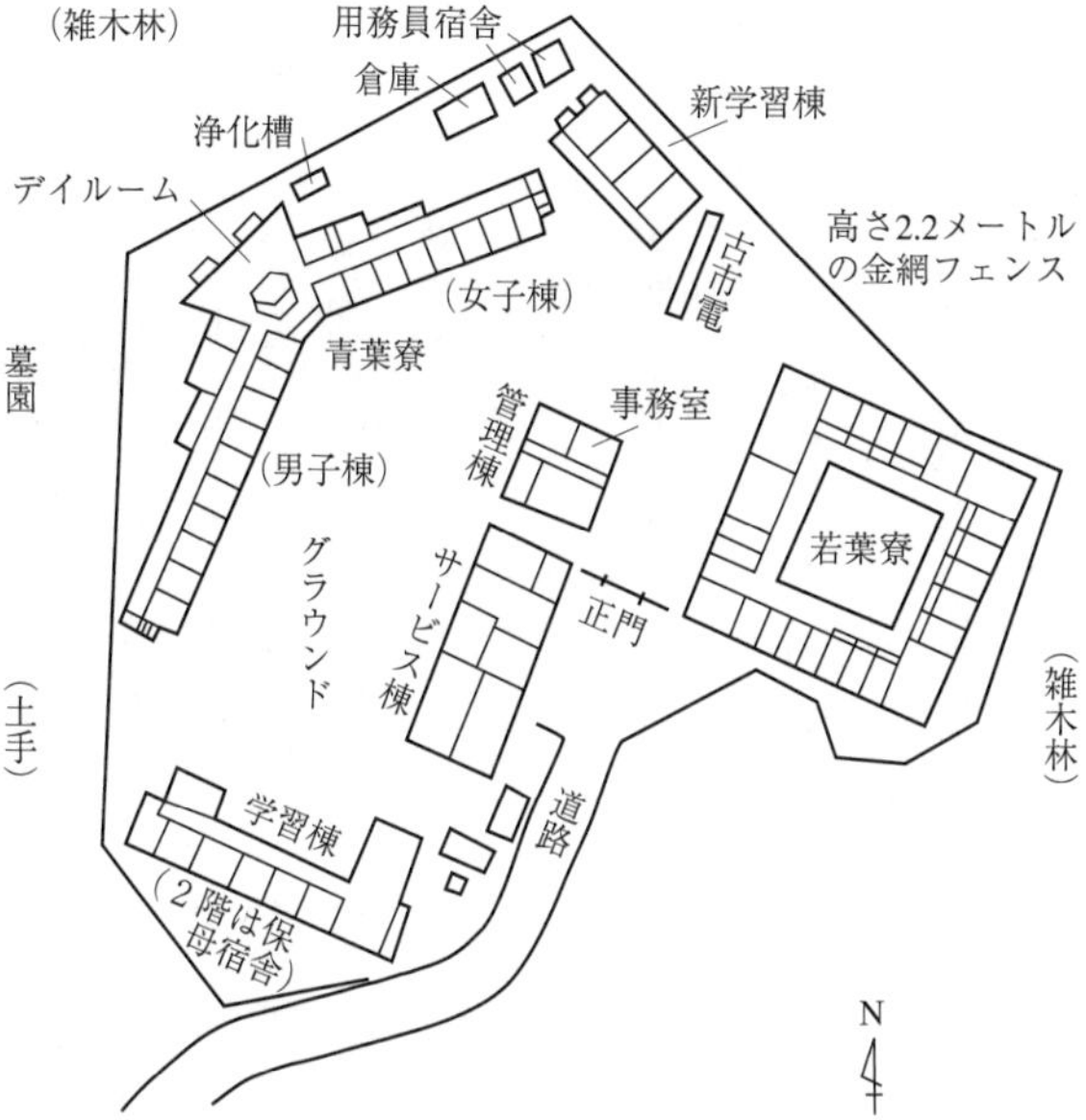

甲山学園全図(浜田寿美男『証言台の子どもたち』日本評論社, 1986年より)

なちがいがあった。しかしその後の流れを支配したのは、これを殺人事件と断定した警察捜査の側であった。

三年以上も後のことだが、実はM子ちゃんについて、事件当時一六歳の女の子がみずからその転落事故にかかわった事実を話しはじめた。M子ちゃんが行方不明になった一七日のこと、この女の子はおやつのあとに浄化槽のうえでM子ちゃんを含め数人で遊んでいた。そのときマンホールは開けていた。そして「M子ちゃんらと手をつないでいて引っぱったら落ちた」というのである。詳しい事情はわからない。しかしたどたどしいことばでその子が語る転落の状況は、およそうそとは思えない真実味をもっていた。検察側ものちにこれを事実と認める以外になかった。一人目のM子ちゃんについては、その種の事故であった。ならばS君についても同様の状況があったと考えるのが自然であろう。しかしこのM子ちゃん転落の真相が弁護側に明らかにされたのは、事件から六年後、子どもたちの法廷証言がはじまってからのことである。山田さんが逮捕されていく事件直後の第一次捜査の段階では、誰もこのことは知らない。

疑惑のきっかけ

ともあれ当時は、殺人事件だとの流れに誰もあらがうことができず、警察の捜査が学園のなかを席捲していた。

殺人事件である以上は、もちろん犯人がいなければならない。雑木林のなか、周囲をフェンスで張り巡らせた学園には、外部から誰かが侵入した形跡はない。そこで早々に内部犯行説をとった捜査本部は、M子ちゃんがいなくなった一七日とS君がいなくなった一九日の両日とも学園にいた職員にターゲットを絞って捜査を進めることになる。そのなかでも容疑が濃厚であると疑われたのが山田悦子さん(当時二二歳)であった。

山田さんは一七日の宿直担当者であり、M子ちゃんの行方不明の第一発見者であった。彼女は自分の勤務中にM子ちゃんが行方不明になったことに強く責任を感じていた。自分がちゃんとみていればこんなことにはならなかったという思いにさいなまれながら、一八日、一九日と必死に捜索にあたっていた。一九日には夕刻の七時まで西宮北口の駅前でM子ちゃん捜索のビラを配り、そののち学園に新しいニュースが入っているかもしれないと思って、同僚たちと一緒に七時半に学園の事務室に戻っている。そこで園長や同僚の保母、指導員と今後の捜索についてあれこれ話し合い、所用で園長が学園を出た直後に、青葉寮からS君がいなくなったとの知らせが入ったのである。

S君行方不明の知らせに、職員たちはあらためて手分けして、園の内外を捜索した。山田さんは懐中電灯をもって雑木林のなかを探し回った。そして一〇時まえ学園の玄関に戻ってきたとき、M子ちゃんが遺体で見つかったことを聞かされて、彼女は泣き崩れ、「M子が死んだ、M子のところにいく」と叫びつづけた。興奮がおさまらなかったために、最後には鎮静剤を打たれたという。この取り乱しようをあやしんだ保母や指導員がいて、彼らはのちの警察の事情聴取でその疑惑を供述することになる。

しかしこの疑惑に確たる根拠があったわけではない。若い保母が、責任を感じて必死になっているところで、当の子どもの死を知らされて、自分の感情を抑えられなくなったとして、それを不自然だとはいえない。ところが殺人捜査の脈絡のなかでは、こうした目立ったふるまいが疑いのもとになってしまう。山田さんは事件から三日後に行われたM子ちゃんの学園葬でも、最後のお別れで遺体に頬ずりせんばかりに顔を寄せて、同僚から抱きとめられ、霊柩車を見送るときにもまた泣き出した。それは警察官やマスコミの記者たちがつめかけているなかでのことで、ここでもまた彼女は目立ってしまった。

疑惑は疑惑で終わらず、しばしば根拠のあいまいなまま、そのまわりに証拠を引き寄せてくる。それは第一章でもみた人間の事実である。甲山事件でも疑惑の渦が巻き起こるなか、その渦の中心に吸い寄せられるようにして、それらしい供述証拠が引き出されていく。

疑惑から容疑へ

この事件には物的証拠といえるようなものはほとんどなく、捜査の中心は人がことばでもって語り出す供述証拠の収集に向けられた。内部犯行だというかぎり、職員の誰が疑われてもおかしくないなかで、自分が無実であることを主張するために、あえて山田さんがあやしいと言い立てるものも出てくる。

そうした空気のなかで、事件から一週間後、知的障害の子どもたちへの事情聴取が開始された。そして一一歳の女児から、S君が行方不明になった当夜、「自分の部屋で布団に入って寝ていたら、山田先生が部屋で遊んでいたS君を呼び出して、女子棟廊下を非常口の方に歩いていった」との目撃供述が出てくる。それが四月四日のことである。これによって四月七日、山田さんは逮捕されることになる。

しかしこの女児の目撃供述にはなんの裏づけもなかった。そればかりか、この女児に対しては、四月四日付の供述調書以前に、二度の事情聴取が行われていて、そこでは山田さんの名前が出てこなかったり、山田さんの名前が出ていても供述の文脈がおよそ事件当日のものと思えないものだったりした。むしろ最初は事件となんの絡みのない日常の出来事情報が、疑惑の渦のなかで事件の目撃供述へと歪められていく誘導の痕さえうかがわれた。

2　自白へ向かって

逮捕と勾留

山田さんは、四月七日、甲山学園を今後どうしていくかを話し合う保護者会の開かれているなかから、引き抜かれるようにして身柄を拘束され、S君殺害の容疑で逮捕された。もちろん本人は、背後でどのような捜査が潜行していたかを知るよしもなく、逮捕は文字通り寝耳に水であった。そのとき彼女は驚愕のあまり、涙をぼろぼろこぼすばかりだったという。

それでも逮捕後、警察署での弁解録取書で彼女は「私は絶対やっておりません」と、気丈に述べている。それに対して警察官たちは、彼女を犯人と決めつけて、「おまえみたいに極悪非道な女はおらん。自分の罪に対して何とも思わんのか」、「これはふつうの女にできる犯罪じゃない。おまえは何か邪心にとりつかれとるんとちがうか」と口々に罵倒のかぎりを尽くした。この威嚇的な取調べが、逮捕当日は夜遅くまでつづいた。

その日から、それまでの日常生活を断たれ、取調べと留置場とを往復する生活がはじまる。留置場の房は一日の疲れを癒せるような安らぎの場所ではもちろんない。そこでの様子を山田さんは、あとになって次のように語っている。

まず素っ裸になって身体検査をされました。人間としてのプライドを剝奪され、精神をずたずたにされました。兵庫県警の地下にある独房は夜も昼も分からず、時間の観念が奪われ、不安になりました。獄中でも食事や排泄などの日常はあるわけですが、すべて監視の下に置かれ、他人から見られ続けて生活させられると、考える力もマヒし、取調べに対抗して無実を訴える力をはぎ取られます。（朝日新聞、一九九九年一〇月一四日朝刊）

しかし、彼女にはこの生活を回避することも、取調べを自分から拒絶することもできない。

記憶の混乱

逮捕の翌日、威嚇的な態度はなくなったものの、相変わらず厳しい口調での取調べがつづいた。前夜には、学園が手配してくれた弁護士の接見を受けたのだが、弁護士がどういう役割をになってくれる人かもわからず、「黙秘しなさい」との指示にむしろ彼女は反発をおぼえた。じっさい自分はやっていないのである。だとすれば、正直にありのままを話せば無実を明かせるはずだと思ったのである。

取調官は、否認する彼女に対して「おまえにはアリバイがないんだ。そのアリバイさえ証明できれば、すぐにでも釈放だ」という。S君が行方不明になった当夜、学園に帰ってきた七時半から行方不明の知らせを聞いた八時すぎまでのあいだ、彼女は管理棟の事務室に園長先生らといて、そこからは一歩も出ていないものと思っていた。ところが取調官からすれば、その管理棟から青葉寮、そこから浄化槽までの経路をたどって犯行を行ったとして、それだけならおそらく一〇分とかからない。事務室から短時間抜け出すだけで犯行は可能である。そこで取調官はほとんど分刻みのアリバイを求める。

しかしすでに二〇日ほども以前のことを、分刻みで思い出すことなどほとんど不可能である。取調官の与えてくれるヒントにしたがって思い出しても、結局は八時までのあいだに一五分ほどの空白ができて、これが埋まらない。アリバイ追及が連日つづくなかで、悩みに悩んだ彼女は、事務室を出てトイレにくらいは行ったかもしれないと思いはじめる。そうして取調べ五日目には、管理棟を出て青葉寮の職員トイレに行ったと、それまでの供述を変更した。結果として、彼女は一歩現場に近づいたことになる。

このころ取調官は手のひらをかえしたように、彼女のことを「悦ちゃん、悦ちゃん」となれなれしく呼んで取調べるようになっていた。しかしけっして取調べが甘くなったわけではない。トイレに行ったことで八時までの一五分の空白を埋めたつもりでいた彼女に、今度は、S君の行方不明の知らせを聞いたのは、八時ごろではなくて八時一五分すぎだったはずだと追及する。ここであらたに一五分の空白が生まれる。おまけに八時前には青葉寮トイレに行った前提のうえでの話である。山田さんは混乱して、すっかり自分の記憶に自信を失ってしまう。

「(トイレに行ったあと)どこをどう歩いたか、どこへ寄ったか、……すべてはっきり思い出すことができません」「一日でも早く調べをしていただいて、私の無実をはらすために微々たることでも思い出してお話をしたいと思います」「一五分間ぐらい、私はどうしていたのか、思い出しません。……自分でも不思議な気がしますが、何とか思い出してお話ができるようにいたします」

どうにか思い出そうと必死になって、ほとんど強迫的な意識にかられている姿が、供述調書の行間から浮かび上がってくる。そして逮捕から一週間がたった四月一四日の供述調書には、こんな奇妙な供述まで出てくる。

この一五分間ぐらいの間の記憶はどうしても思い出せないのです。その時間ごろ、ちょうどS君が連れ出されたころになりますが、いろいろのことを考えると、私が無意識のあいだにS君を殺してしまったような気がいたします。

子どもたちは清純で天真爛漫です。嘘をいうとは思いません。私がS君を連れ出したのを見ている子どもがあれば、それは本当のことだと思います。

「空白の一五分」を追及されて、記憶がすっかり混乱しているうえに、女児の目撃供述を突きつけられて、自分で自分のことが信じられなくなっていることがわかる。

自分を信じてくれる人が誰もいない

記憶の混乱のなかで、それでも山田さんはどうにか否認を維持していた。「無意識のあいだに殺したかもしれない」という奇妙な自白も、翌日には思い直して否定している。アリバイを思い出すことができず、記憶が混乱しても、自分はやっていないという確信まで揺らいでいたわけではない。

そうして否認をしつづけることができたのも、自分のことを信じてくれる人がいるとの思いがあったればこそ。いや、目の前で自分を追及している取調官に対してさえ、なんとか理解してほしいと思って、無実を訴えつづけているのである。この信じてくれている人がいる、疑っている人にも信じてもらいたいという思いこそが、否認を支える。

ただ、自分を信じてくれている人がいると思っていても、直接に出会って、それを確認できるわけではない。むしろ取調官からは、「あなたを疑うだけの証拠があるのだ、周囲の人だってそれはわかっている、最初はあなたを犯人ではないと信じていた人だって、いまではもうあなたのことを疑いはじめている」などと言われる。そう言われて、ちがうと断言することはできない。なにしろ彼女は房のなかにあって確かめるすべはない。外の情報はすべて取調官に握られ、そこで取捨され、都合よく制御されているのである。

しかし一番こたえたのは、父親もまた疑っていると言われたことだった。

逮捕された直後から父親は、愛媛の新居浜からかけつけて、娘に会わせてほしいと警察に日参していた。ただ殺人事件の取調べ中に身内に会わせるなどということは、通常ならありえない。ところが四月一七日の夕刻、警察は父親との接見を許可したのである。記憶に揺らぎをみせながらなかなか落ちない山田さんの気持ちを、なんとかやわらげようとの意図があったのかもしれない。

山田さんは三人の取調官同席のもとで父親と面会した。彼女は父親に信じてほしいと訴え、父もそれに応じて彼女を励ましてくれた。二〇分の短い時間ではあったが、彼女には久しぶりに心の落ち着く時間だった。

しかし父親が帰ったあと、夜にはまたアリバイにかかわる厳しい取調べがつづく。たまたまその日はM子ちゃんの一ヵ月目の命日にあたっていた。取調官からそのことを思い出させられ、あらためて罪責感にかられた。父親とのほっとした時間も束の間、彼女はふたたび苦悩のなかに投げこまれたのである。そのなかで取調官は、面会をおえた父親を捜査員が送っていったときのことを、彼女にこんなふうに告げたという。

悦ちゃん、さっき捜査員がお父さんを車で送っていきましたが、お父さんは車の中でふーっと大きな溜息をついたそうです。悦ちゃん、この溜息は何だと思いますか。この溜息は悦ちゃんを疑っている溜息です。ひょっとしたらうちの悦ちゃんがやったのではないかという溜息です。——悦ちゃん、親というものは、たとえ子がやっていても、うちの子に限ってそんなことはないと思うのが親心ですよ。悦ちゃんのお父さんはそうではありませんね。悦ちゃんを疑っているのです。その苦しみが大きな溜息になって出たんです。ぼくら捜査員は人間の一挙一動を絶対に見逃さないように完璧に訓練されていますから、このことは絶対に間違いありません。――悦ちゃんを信じている者は、もうこの世には誰もいないのですよ。(松下竜一『記憶の闇』河出書房新社、一九八五年)

溜息を聞いただけで、その背後の思いまで知ることができるはずはない。ふだんの日常的なやりとりのなかでなら、そんな馬鹿なことはないと言い返すこともできただろう。しかし一〇日間にわたって、やったやらないの一点で追い詰められてきた彼女にとって、これは致命的な一撃であった。彼女はとうとう涙のなかで自白する。

「M子ちゃんとS君をやったのは私です」

自白を調書にとるまえに、山田さんは父親と学園にあてて手紙を書かせてほしいと頼んで、二通の手紙を書き、封をして、すべてが終わったら渡してほしいと、取調官に手紙を託した。そのうえで次のような調書を録取されている。

今夜は本当のことを申し上げます。M子ちゃんとS君をやったのは私に間違いありません。その理由については明日朝から申し上げます。

私が本当の気持をいう気持になったのは、M子ちゃんとS君があのマンホールのつめたい中で、どんなに苦しんだか、こわかったか、その苦しみを考えるときに、私の苦しみなどはそれにくらべるとなんでもありません。ですから今夜は勇気を出して思い切って申し上げました。

私はこの本当のことをお父さん、学園の人達に対して二通の手紙を書きました。私が全部しゃべったときにこの手紙を渡して下さい。

S君とM子ちゃんの冥福を祈っております。田中部長さんにM子ちゃんが死んでちょうど一ヵ月になると教えてもらいました。忘れてはならないことを忘れていました。M子ちゃんに悪いことをしたと思っております。


調書をとり終えたのは夜の一二時過ぎ、房に帰った山田さんは、下着の肩紐を結んで首に巻き、両手で紐を引いて自殺をはかる。しかし気が遠くなると手が緩む。また試みても同じ。結局、首に赤い痣《あざ》をつくっただけで、朝を迎えることになる。

ほんとうに死ぬ気だった。しかしこのとき、もちろん、自分がM子ちゃんやS君を殺していないという自信が揺らいだわけではなかった。遺書のつもりで書いた二通の手紙はいずれも、神に誓って自分はやっていないと訴えたものだった。

二つ目の自白

翌一八日は、朝早くから取調室に引き出され、自殺しようとしたことをきつくとがめられた。そこで山田さんはあらためて、自分はやっていないと訴え、否認調書をとってほしいと頼んだのだが、取調官は受けつけない。ここでまた「悦ちゃんはやっておきながら、自分で気がつかないのかもしれない」という無意識説をもちだされることになる。そのうえで彼女は、小さいころに別れた実母について思いもかけない話を聞かされた。

彼女の実母は彼女を生んだとき、出血が多く、産後の肥立ちが悪くて、しばらく夫の顔もわからないような健忘症状態になったというのである。彼女はそのことをまったく知らなかったのだが、警察は逮捕後、彼女の親戚をあたってそんな情報まで入手していた。そして取調官は、あなたはその母親の血を引いているのだという。現にM子ちゃんが浄化槽で見つかったとき、鎮静剤を打たなければならないほど惑乱して、そのときのことをちゃんと記憶していないだろうとまで言われた。

やった記憶はない。しかし埋めるべきアリバイがどうしても埋まらない。なんとか記憶を取り戻さなければと強迫的に思っているなかで、自分には健忘症の遺伝的な気質があるのではないかと突きつけられて、山田さんはふたたび自白へと落ちる。しかし今度は、前日のようにやっていないことを承知で、自暴自棄になって自白したのとちがって、彼女はもう自分がわからなくなっていた。彼女はこのとき取調官に、自分のほうから「私になんとか思い出させてください」と頼んだという。

その日の取調べ時間は一四時間におよんだのだが、とられた自白調書は断片的で、しかもきわめてあいまいでしかない。以下が全文である。

私はうすぼんやりと憶えていますが、青葉寮に入ったのは女子棟の子どもの部屋から入りました。洗濯仕分け室の方から三つ目の部屋でした。靴を履いて上がったのか、脱いで上がったのか、憶えておりません。子どもは確かにおりましたが、誰だったか、寝ていたか起きていたか、二、三人だったか、憶えていません。

私はそれからいったん廊下に出て、非常口の方へ歩いていきました。いま非常口へ歩いて行ったと言いましたが、私の思い違いでデイルームの方へ歩いていきました。R子ちゃんの部屋までくるとS君が鬼ごっこをしておりましたので、「S君」と声をかけました。S君の鬼ごっこの相手は憶えておりません。ほかに誰が居ったのか、それも分かりません。私はたしか部屋の中に足を一歩踏み入れて、「S君」と声をかけた感じがします。それからもときた方へバックしました。

はっきり断言できませんが、私の右手でS君の手を引き、真っすぐ突き当たった東非常口から外へでました。非常口の扉はいつも鍵がかけてありますので、マスターキーで私が開けて、外へ出たような気がします。

もし彼女が犯行をおかしたのならばこういう流れになるであろうということを、順を追って外形的にたどっただけで、しかもあいだに「憶えていません」「分かりません」「断言できません」ということばが頻発し、憶えているらしく語ったところも「うすぼんやりと」とか「感じがします」とか「気がします」とか、どうしようもないほどあいまいである。いったいこれを自白といえるだろうか。

自白から否認へ

自白といっていいかどうか迷うような自白調書が、その後、三日間つづいた。なかには「今日から動機などについて聞かれることと思いますが、私はやったことはありませんので、そのような動機などについては喋れるはずがありません。分かりません。思い出せません」と、否認のことばも混じるし、「私の真心は誰にも分かっていただけません。ですからもういいです」

などという自暴自棄のことばも記録されている。自白と否認のあいだを行きつ戻りつしていたというのがむしろ実情であった。

ともあれこれらの自白調書は、四月一七日から二一日までの五日間で終わり、そののち二二日から三日間は調書がない。もちろん取調べがなかったわけではない。ここにいたって山田さんはふたたび、自分はやっていないという確信に、あらためて立ち戻ることができたのである。そのきっかけは一見ささいなことだった。

連日の取調べでアリバイの証明を求められて、彼女は事件の日の夜七時半から八時一五分ごろまでのあいだの記憶に意識を集中して、そこにどうしても埋められない空白ができることに打ちひしがれていた。しかしその時間帯の直前まで、自分はM子ちゃんの捜索に必死になっていたではないか。またその時間帯の直後には、青葉寮の職員からS君がいなくなったと聞いて、懐中電灯をもって一人で学園の外に飛び出し、必死になって雑木林のなかを探しまわったではないか。そのときの必死の思いを彼女はあらためて思い起こしたのである。あれだけ必死になって捜索した自分が、その数分とあいだを置かない直前に、S君をマンホールに投げこんだなどということがありうるだろうか。それはありえない。たとえ無意識でもありえないと、あらためて確信したのである。

本件捜査に関与した原伸太郎元検事は、本件の無罪確定後、自らのホームページで、四月二二日の日に彼女をはじめて取調べたときの様子を述懐している。彼女は問題の時間帯のアリバイの話になると動揺して、落ち着かない。その一点に集中して責められていた山田さんにしてみればそれはむしろ当然のことであった。しかし、原元検事は彼女の両手を机の上にすれすれに伸ばさせ、その手がおのずと小刻みに震えるのを見て、「ほら、両手が震えているじゃないか。その両手でお前がS君を殺したんだ」と怒鳴りつけた。そしてそのまま彼女を退室させようとしたとき、彼女は退室すまいと机にしがみついて、「私はS君をやっていません。検事さん自白調書を取り消して否認の調書を作ってください」と何度も絶叫したという。

しかし否認調書がとられたのは、それからさらに三日後、二五日のことである。

釈放、そしてその後の二五年

その後の一貫した否認に、検察官はなすすべなく、四月二八日には処分保留のまま山田さんは釈放となる。そして翌年の一九七五年九月二三日、嫌疑不十分で不起訴処分が決定した。自白を含め、その他の諸証拠を合わせ考えても、彼女を有罪にすることはできないとの判断を、検察みずからが下したのである。山田さんを巻きこんだ疑惑の渦は、この不起訴処分でいったん終息したかにみえた。そして本件はこれで完結すべきものであった。ところが、これで終わらないところに、日本の刑事司法の闇をみないわけにはいかない。

不起訴処分から一〇日後の一〇月三日、マスコミの報道等で山田さんのことを犯人と思いこんであきらめられなかったS君の遺族らが、不起訴はおかしいとして検察審査会に申し立て、翌年一九七六年一〇月二八日には「不起訴不相当」との決定が出る。ただしその検察審査会の審理では山田さん側の事情聴取をいっさい行っていない。

検察審査会の決定に拘束力はない。それゆえ検察庁はこの決定を蹴ることもできた。しかしいったんは検察が面子をつぶした事件である。不起訴処分後にあらたに神戸検察庁にやってきた検事正は、名誉挽回とばかりに再捜査に乗りだす。そして第一次捜査ではなんらの有用な供述を得ていなかった学園の子どもたちをあらためて訪ねて、事情聴取を重ね、そこからさらに三人の目撃供述者を引き出すことになる。検察はこれでもって山田さんを再逮捕した。それが一九七八年二月二七日。起訴がなされたのが三月九日であった。

その後の二一年にわたる裁判について、もはやここで語る余裕はない。それぞれの判決のみを列挙すれば、次の通りである。

一九八五年一〇月一七日　神戸地裁　無罪
一九九〇年　三月二三日　大阪高裁　無罪判決破棄、地裁に差し戻す
一九九二年　四月　七日　最高裁　弁護側の上告を棄却
一九九八年　三月二四日　神戸地裁　差戻し審で無罪

一九九九年　九月二九日　大阪高裁　検察側控訴を棄却

同年一〇月　八日　検察上告断念　無罪確定

かくして四半世紀にわたる甲山事件は終結を迎え、二人の子どもが浄化槽で溺死したという事実だけが残った。もちろんそれこそがもっとも深刻に問われなければならない問題であった。この二五年にわたる年月は甲山学園の不幸の内実をあきらかにするどころか、それを隠蔽するものでしかなかったのである。

甲山事件は山田悦子保母のおかした殺人であるという疑惑は、結局のところ、根拠のない妄念でしかない。しかし捜査の権力をもつ人々が、この妄念に取り憑かれたとき、それは強大な磁力を発揮し、人々のことばを吸い寄せて、やがて妄念にそれらしき根拠を与えていく。疑われた山田さん本人もまた、この強大な磁場にさらされ、精神を翻弄されて、あげくは自分がほんとうにやったのかもしれないとまで思わされたのである。

刑事事件としての甲山事件の謎は、この強力な磁場がどのようにして形成されてきたかにある。しかし、それは捜査の壁に隔てられて私たちの目には直接見えない。ともあれ、ここでの本題は被疑者がこの磁場にさらされてうその自白に落ちていく心理過程を、甲山事件や第一章の宇和島事件に素材を借りながら、一つの一般論として論じることにある。

3　うその自白へと落ちていく心理

うその自白の三型

うその自白への転落過程には、一般に三つのタイプがあるといわれる。

一つは、自分の側から名乗り出る身代わり自白。自分にとって大事な人が真犯人だと知って、その人が捕まるくらいなら自分が代わりにという心理で名乗り出るもの。あるいはマスコミで騒がれている事件で、まったく関係のない人物が、有名になりたい一心であえて悪名を買って出るというたぐいの自白も、このタイプの亜種といえる。

二つ目は、事件の周辺にいた人が疑われ、事件前後のことを問い詰められて、うまく思い出せないまま、自分の記憶に自信を失って、自分がやったのかもしれないと思うようになる自白。これは自分を犯人と思いこむということで自己同化型の自白と呼ばれる。ただしそれだけの強圧状況がなければこの自己同化が起こることはない。

そして三つ目は、同じく取調べの強圧にさらされて、自分がやっていないという記憶そのものまで揺らぐことはないが、この辛さに耐えきれず、相手のいうままに認めてしまう迎合型の自白である。これがうその自白のなかでももっとも一般的なものである。

こうした分類は多分に便宜的なもので、具体的な事件にはそれぞれの様相が多少なりとも入り混じっていることが多い。宇和島事件のAさんの場合は純粋な迎合型だが、山田さんの場合は、その自白過程の局面にこの三つともがそれぞれ幾分かずつあてはまる。

一つには、二人の子どもの溺死には他の子どもたちが関与していた可能性が高かったし、また自分が犯人ではないと言えば、同僚職員を逮捕して調べると言われたりもした。そのなかで、「それならいっそ自分が……」という身代わりの気持ちがよぎることがあったと山田さんは言う。また、自分がやったのではないとしっかり思えていた段階で、もう誰もあなたのことを信じてはいないと突きつけられて、自暴自棄で自白したときは、もはやその場の力に屈する以外にないとの心境だった。それは迎合型の自白そのものだった。そしてその後、実母が自分を生んだときに記憶喪失になったとの話を聞いたのちは、もしかすれば自分にもそうした気質があるのではないかと思いこんだし、じっさい問題の時間のアリバイを思い出せなくて、自分の記憶に自信を失ってしまった。そこでの自白は、自己同化型の一つの典型であった。

それにしても、ここまで彼らを追い詰める取調べはいったいどういうものであったのだろうか。冤罪における虚偽自白の根にあるのは、つねにこの取調べという場の問題である。

取調べの場の圧力

無実の人が自白に陥るメカニズムを知るうえで、最初に確認しておかなければならないのは、取調べが一つの圧力の場だということ、そして真犯人を自白させる取調べの圧力が、無実の人をも自白させるという単純な事実である。宇和島事件のAさんのケースでも、取調官たちは真犯人を自白させたつもりでいたのだが、ほんとうの真犯人は別にいた。つまり真犯人を自白させたつもりのその圧力が、無実のAさんを自白させていたのである。

取調べの場には被疑者を有罪方向に引き寄せる強い力が働いている。その力にさらされた被疑者がその内面において感じている辛苦は、第三者にはなかなか見えない。いや取調べに立ち合っている取調官自身にも、目の前にいる被疑者の辛さが十分わかってはいない。だからこそ遠慮なく責め立てることもできるのである。

取調べの場は徹底的に非日常の場である。日常生活を安穏に過ごしている私たちは、その場にさらされることの厳しさを安易に見過ごしてしまう。

一つは、身柄を押さえられて日常生活から遮断されただけで、人は心理的な安定を失うという事実である。私たちはふだん、日常を自分一人の力で生きているかのように思っているが、実際には自分を囲む関係のネットワークに支えられてはじめて心理的平衡を保っている。そのことは関係のネットワークから一人引き抜かれて、孤立無援の状況に追いやられればすぐにわかるのだが、人がそうした体験を味わう機会はまれで、それゆえ多くの人はその深刻さになかなか気づかない。

また、一般に取調べは短時日で終わらない。そしてその取調べを受ける期間、警察の留置場に身柄が置かれる。そこでは食事、排泄、睡眠といった基本的生活のすべてが他者の管理下にあって、自分の自由にはならない。これもまた人がほとんど体験したことのないことで、そのつらさは想像を越えている。

さらに被疑者は取調べの場で、自白を迫る取調官によってその罪を非難され、ときに非道な奴として罵倒される。無実の人間にとってはお門違いの非難なのだが、だからといってこれに平然と対応することは難しい。私たちも日常生活のなかで、ときに他者と衝突し、相手から強く非難されたり、あるいは罵倒されたりすることがまれにはある。それだけで十分ショックなのだが、しかしそれはせいぜいのところ数分ですむ。一時間あるいは二時間と持続して、相手から非難され、あるいは罵倒されつづけるという経験はまずないだろう。取調べの場ではそれが何日もつづくことがある。そうした目にあえば、ただことばだけであっても、人は立ち直れないくらいに傷つく。それは肉体的な暴力に匹敵する。

それだけではない。被疑者は事件にからんで何らかの負い目を感じていることが少なくない。山田さんのばあい、M子ちゃんの行方不明に、保母として責任を強く感じていた。彼女が最初に自白に落ちたのはM子ちゃんの月命日であった。S君への殺害で取調べを受けていたにもかかわらず、最初の自白では「M子ちゃん、S君を殺したのは私です」と言いだしているところに、M子ちゃんへの負い目が如実にあらわれていたといってよい。

また事件に関連のない事柄まで取り沙汰されて、罪責感を募らせられることもある。長期にわたる取調べの場では問題の事件を越えて、しばしば被疑者の人生そのものが問われる。人は長く生きていれば、他者からとやかく言われたくない傷の一つや二つは抱えるもの。その傷が執拗にほじくりかえされれば、それだけで十分にめげる。

こうして被疑者は取調官のまえで、心理的にほとんど丸裸の状態にされてしまう。山田さんをおそったのはそういう状況であった。いや逮捕され留置場に入れられるとき、彼女は、文字通り物理的にも丸裸にされた。それは何か物を隠していないかを調べる身体検査のためなのだろうが、実際にはたった一人の生身の人間として、丸裸でその場にいるのだという事実を苛酷に示す一つの象徴でもあった。こうした状況の総体が取調べの圧力となって被疑者に迫るとき、これにどれだけの人が耐えられるだろうか。

弁解の空しさ

被疑者には、もちろん自分の身を守るためのいくつかの権利が認められている。それをうまく行使すれば耐えられるはずだといわれるかもしれない。たとえば被疑者段階でも希望すれば弁護人を選任することができる。あるいは取調べに対して黙秘する権利も認められている。しかしこれらの権利が心理的にどこまで実効性をもっているかは疑問である。

弁護人から自由に助言をえたり、周囲の人々との連絡を取り持ってもらったりできれば、孤立無援状態はずいぶんと緩和される。しかし現実には被疑者段階で弁護人がつくケースはまだ少ない。またたとえ弁護人がついたとしても、取調べの場に立ち会ってもらえるわけでないし、弁護士との接見(面会)も取調べの都合で制限されてしまう。そのために弁護人が被疑者と信頼関係を築くことさえままならない。多くの場合、被疑者にとって弁護士は初対面、最初から信頼しろといっても、そうそううまくはいかない。

黙秘権についても問題がある。たしかに取調官は取調べにさいして被疑者に黙秘権を告げることにはなっている。しかし現実に被疑者が黙秘権を行使する例はきわめてまれである。とりわけ無実の被疑者では、公安事件などを別にすれば、皆無といってよい。

無実の人が黙秘して、取調官と対決する気持ちになるのは容易なことではない。なにしろ、自分はやっていないのである。そのことを弁解してわかってもらおうとするのが、無実の人の素朴な心情である。現に、宇和島事件のAさんは黙秘権を告知されたことも記憶にないというし、山田さんもまた、「黙秘しなさい」との弁護士のアドバイスに、かえって反発を感じたという。

無実の被疑者のほとんどは、黙秘権のことなど一顧だにせず、懸命に弁解する。きっと取調官にもわかってもらえるはずだと思うのである。真犯人なら弁解してもその弁解に自信はもてまいが、無実の人は、自分は無実だと知っているだけに、わかってもらえるはずだとの思いが強い。もちろんそこで無実の証拠が出せれば問題はない。しかしそれは至難のことである。取調官にも無視できないような明確なアリバイを立てられれば、無実が明かされるかもしれないが、現実にはそうそううまくいくものではない。

それでもやはり無実の人は「私はやっていない」とくりかえす。しかしその弁解をそのまま素直に聞いてはくれない。逆に取調官からは、おまえが犯人だという証拠があると言われる。山田さんは子どもたちが見ているのだ、純粋無垢な子どもたちがうそをいうと思うのかと言われた。またAさんは、防犯カメラにおまえの姿が写っていると追及され、そんなはずはないと反論しても相手にしてくれなかった。

そうして空しい応酬がつづく。これが日常生活のなかでのことならば、「もうわかっていただかなくても結構です」といって、席を蹴って出ていくこともできようが、被疑者は自分のほうから取調べの場を去ることができない。やがて激しい無力感におそわれる。それだけで「もうどうでもいい」と思う人がいておかしくない。

こうして孤立無援の不安にさらされ、生活すべてをコントロールされ、罵倒の屈辱を味わい、罪責感を刺激され、さらに弁明しても通じない無力感にさいなまれる。この辛苦はもはや並大抵のものではない。しかしそのうえにまだ、自白転落の心理について見逃していることがいくつかある。

時間的見通し

一つは、長期の取調べにさらされたときの、時間的な見通しの問題である。取調べの場で味わう辛さも、いついつまで我慢すれば解放されるとわかっていれば耐えることができる。しかし否認しているかぎり何時間でも何日間でも取調べはつづく。最大勾留期間二三日という期限がついてはいるが、そのただなかにいる被疑者にとって、それは気の遠くなるような長さである。しかもそれは一件につきである。別件をつけられれば、さらに何日、何十日とつづくこともありうる。時間的な展望が見えないとき、人は自分を支えられなくなってしまう。

人間は時間の生き物である。どんなに不安な毎日を送っていても、明日への希望があれば、いまをどうにか穏やかに過ごすことができる。たったいま耐えがたい苦悩におそわれていても、それがいつ終わるとわかっていれば、そのときまでと思ってどうにか我慢ができる。しかしその見通しをもてないとき、どうしてこれを耐えることができるだろうか。

ある人からこんな話を聞いたことがある。痔の手術は、その術後の痛さがよく知られている。

それで「痛いぞ痛いぞ」とさんざん脅されていた人が、いよいよ手術となったとき、病室の先輩から「たしかに痛いが、その痛さも二四時間我慢すればパッと霧が晴れるようにすっきりする」と教えてもらった。おかげで、術後、あと何時間、あと何時間と思って、その痛みを耐えることができたという。ところが逆に末期がんの痛みとなると、ペインコントロールが進んだいまでも、抑えがきかなくなって「もう殺してくれ」と叫ぶ患者がいるという。その痛みがいつまで続くか、時間の見通しをもてないからである。

取調べの苦痛も同じである。人は苦痛そのものによって落ちるというより、その苦痛がいつまでつづくか見えないという、その見通しのなさによって落ちるのである。

否認することの不利益

それにまた、被疑者は否認しつづけるうちに、取調官からむしろ自白したほうが有利ではないかと思わされていく。

宇和島事件のAさんも「否認をつづければそれだけ罪が重くなるぞ」と脅され、またこのまま認めなければ「家族や会社も捜査しなければならない」とも言われた。ただでさえ家族には迷惑をかけてきたと思っていたAさんにとって、この説得がけっこうこたえたという。それに彼のばあい、ほとんど身内といっていい女性から、五〇万円を盗ったという容疑であった。自白をして謝ればすぐに釈放される可能性もあったし、そうなれば周囲に知られることなく取り繕って、以前の生活にそのままもどることができるかもしれない。そうした計算が働いたとしてもおかしくない。

否認してがんばっても無実だとわかってもらえる可能性はない、それどころかこのままだと取調べの場から逃れられないし、いつまで警察に留め置かれるかわからない、そうだとすれば否認しつづけるほうがよほど危険にも見える。ここで、否認することの利益が不利益に、自白することの不利益が利益に逆転する。

あるいは被疑者は、自分を責めている当の取調官にむかって救いを求める気持ちにすらなる。このことも一般には知られていない事実である。どんなに弁解しても耳を貸してくれない取調官に苛立ちを覚えながら、それでもなお対決するのは容易でない。それどころか理不尽で、嫌悪感をすら覚えるその相手に、自分の処遇が握られているのである。その相手に迎合し、またときおり見せる温情に不本意にすがってしまうことがあったとして、それを責められるだろうか。敵とすべき相手に籠絡《ろうらく》されるなんて、という人がいるかもしれない。しかしそんなふうにいえるのは第三者の後知恵でしかない。無実の被疑者にとって取調官は敵ではなく、良くも悪くも自分の処遇を左右する絶対的な支配者なのである。

それに取調べは通常、二人の取調官で臨む。その一方が厳しく迫れば、もう一方がやさしくフォローする。ただ責めるだけでなく、取調官は支えもし、アドバイスもしてくれる。それに被疑者はなんとか取調官にもわかってもらおうと必死なのである。そしてその心情のなかで自白に落ちる。だからこそ、うその自白に陥りながら、被疑者と取調官が手を取りあって泣いたりする光景も現出するのである。山田さんが泣きながら自白したとき、二人の取調官もまた大粒の涙を流したという。

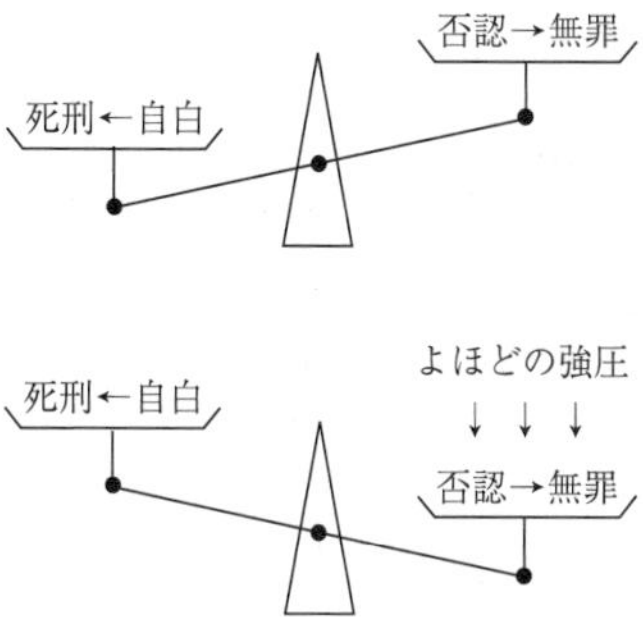

いまの苦痛と遠いさきの悲劇

さらに、私たちがうその自白を考えるときしばしば陥る錯覚がある。それは自白することの不利益（へたをすれば死刑）と否認をつづけることの不利益（取調べにさらされ続ける苦痛）をはかりにかけるというイメージで、自白の問題をみようとするときにひそむ錯覚である。

たとえばこれを人は天秤ばかりの比喩で考える。いま右側の皿に取調べの圧力、そして左側の皿に刑罰の重みがのっているとする。その二つのバランスでみたとき、よほど苛酷な圧力がかかって右の皿を押し下げれば別だが、そうでないかぎり、左の皿が持ち上がって自白することはあるまいと考えてしまう。しかし天秤のばあいは重りを左右の皿に同時にのせるのだが、現実の取調べの場面はどうだろうか。正確にいえば、右側の皿にのるのは、取調べの圧力にさらされて、たったいま現実に味わっている苦痛、そして左の皿にのっているのは、自白すれば自分が有罪と認められ、重い刑罰を与えられるかもしれないという、あくまで遠い将来の可能性である。この二つは本来同時には比べられない。もし自白をすれば即決で直ちに十三階段を上って首をくくられるというのであれば、それこそ酷い拷問でもないかぎり、虚偽で自白することはないかもしれない。しかし、現実の取調べではもちろんそういうことはない。

人は時間のなかで、いつもいまを生きている。それゆえ現在の快楽を求め、あるいは現在の苦痛を回避するために、その結果として将来の重大な苦痛を予想しても、あえてそれから目をつむってしまい、あとでしまったと思うことがしばしばある。取調べを受ける被疑者たちもまた、将来これが死刑につながりかねないことが理屈でわかっていても、いまのこの苦痛を逃れるためには、ここはもう自白する以外にないと思ってしまう、そういう瞬間がある。じっさいここで自白しても、裁判所でちゃんと弁明すればわかってもらえるはずだという気持ちになる。

無実の人は刑罰に現実感をもてない

もう一つ、虚偽自白をめぐって、ごく単純な、しかし見逃しやすい盲点がある。それは「予想される刑罰」についての現実感の問題である。

真犯人ならば、自分のなかに犯行体験の記憶がしっかりと刻まれている。そのなかでいつ自分のところに捜査の手がおよぶか恐れつつどうにか逃れていたものが、とうとう捕まってしまった。そうして取調べを受けたとき、ここで自白をすれば、あのときのあの自分の犯行の結果が刑罰として自分にかかってくるのだということを、文字通り実感をもって感じることになる。

ところが無実の人ならばどうであろうか。ごく身近で犯罪のあったことは知っていても、やったのは自分ではない。たとえ多少は警察に疑われたとしても、まさか自分が逮捕されるなどとは思わない。ところがその自分が現実に逮捕され、厳しい取調べを受けているのである。そのこと自体が、無実の被疑者には考えられない非現実的な話である。そうして取調べのなかで苦しくなって、追及されるままに罪を認めてしまったとする。しかしそのことが実際の刑罰につながるとの現実感はもてない。なにしろ自分はやっていない。やっていない人間が、たとえことばのうえで自白したとして、どうしてそれでもって刑罰にかけられることになるだろうか。そんなことはおよそ信じられないというのが、彼らの偽らざる心境である。

ある冤罪被害者は、手記のなかで、取調べのときの苦痛をくりかえしくりかえし語りながら、自白の結果予想される刑罰への恐怖についてはー言も触れていない。そしてその当時のことを振り返って、「(そのころ)自分の身に何が起きているのか理解できませんでした。事の重大さにようやく気づいたのは起訴されて裁判が始まってからでした」と述懐している。

こうした非現実感を思えば、無実の人にとって、自白の結果予想される刑罰が、ほとんど絵に描いたような、きわめて稀薄なものでしかないことがわかる。山田さんも、自分が自白に落ちたときのことをあらためて思い出して、そのとき自分に科せられるかもしれない刑のことは、一度も考えなかったという。取調べの場で無実の被疑者は、そんなことを思い描くような現実的な気分のなかにいないのである。

天秤ばかりが反転する

最後にここであえてもう一度、天秤ばかりの比喩を使ってみよう。さきの図で右の皿にのった取調べの重みは、日常を平穏にすごしているものの想像をはるかに越える厳しさでもって被疑者をおそう。しかもそれが否認をつづけるかぎりいつまでもつづくかのように思わされる。他方、左の皿にのった刑罰の重みは、たかだか可能性のレベルの話でしかなく、実際にやっていない被疑者の思いのなかには、たとえここで自白してものちに訂正できるとの楽観もひそむ。そのうえ論理的に予想されるはずの刑罰が、彼には現実感をもって迫ってこないのであるから、この皿の重みはさらに低減する。あるいは山田さんのように「自分はやっていない」という記憶すら揺るがされることもある。そうしてみると、この天秤ばかりがカタンと傾いて、うその自白が浮かび上がることに、もはや何の不思議もない。

死刑に相当する重罪事件の裁判では、しばしば「死刑になるかもしれない重大犯罪であることを認識しながら自白していることが窺われ、特段の事情なき限り措信《そしん》しうる」といった認定がなされる。しかしこの種の認定が無実の被疑者の虚偽自白の心情からどれほどはずれたものであるかについて、もはや贅言《ぜいげん》を重ねる必要はないだろう。

こいつが犯人にちがいないとの断固たる確信のもとに取調べが進行するとき、そこには被疑者を強く有罪方向へと引き寄せる磁場が渦巻いている。それに逆らうことがどれほど困難なことか。そこでは弱い人だけが落ちるのではない。うその自白をとるのに直接的な拷問はいらない。その磁場のもとにひたすら長くとどめるだけで、まずたいていの人は自白に落ちる。それこそが、むしろ心理学的に自然な人間の姿だといったほうがよい。誰もがそうした弱さをかかえているのである。

甲山事件の山田さんもまた、そうして取調べの渦に巻きこまれ、いったんは自白に転落した。取調官にとって次に問題になるのは犯行筋書をどのようにして語らせるかである。しかし幸い彼女のばあいはその自白の内容展開の深みにはまりこむ前に、思いなおして否認に転じることができた。それゆえ彼女の自白には、その犯行筋書の展開過程をみることがほとんどできない。

次章にみる仁保事件は、それとは対照的に、長い長い取調べ過程で、その自白内容の展開過程をまるでスローモーションのようにみせてくれる。無実の人間が苦しくなって、いったん「私がやりました」と認めたとして、実際には犯行にかかわっていない以上、どのようにしてその犯行筋書を語りうるのか。ここに無実の人の自白にかかわる第二の謎がある。

第三章　犯行ストーリーを展開していく心理

1　仁保事件

一家六人殺しの事件

JR山口線を山口から益田《ますだ》方面に向けて電車で走ると、三つ目に仁保《にほ》という小さな駅がある。事件の現場は、そこから東北に二キロほど行った山あい、山裾から中腹にかけて点在する農家の一軒である。ただ事件そのものがもはや半世紀近くも前のこと、いまでは地元の人でもこれを記憶にとどめている人は少ない。

かつての惨劇の現場には、いま家屋の跡形すらなく、緑の草が生い茂っている。急な山あいに石垣を積んで、棚田のように囲われた一〇〇坪ほどの平地がその跡地である。青々と葉を茂らせている雑草と灌木のなか、かつて庭の立ち木であったらしき老木が数本。ほかに事件のことを想起させるものはなにも残っていない。

一家六人殺しの凶行がおこなわれたのは、一九五四年一〇月二六日午前零時ごろと推定されている。一家はYさん(四九歳)、妻のMさん(四二歳)、母親のGさん(七七歳)、三男のA君(一五歳)、四男のK君(一三歳)、五男のM君(一一歳)の六人。ふすま一枚を隔てた三つの部屋で、それぞれ布団に入って寝ていたところを襲われた。六人はいずれも頭部や顔面を鈍器で乱打され、頸部と胸部を鋭い刃物で刺されて、布団のうえで血染めになって死んでいた(図参照)。

発見されたのは、夜が明けたその日の朝七時すぎ。いつもなら雨戸を開けて起きてくるはずなのに誰も出てこず、家中がしんとしていることに隣家の主婦が不審を感じて、裏からなかをのぞいてみたところ、Gさんが死んでいたのだという。すぐに警察に通報、やってきた警察官たちは一家全員が惨殺されているのを発見する。

難航する捜査

捜査は怨恨説と物盗り説の両方から進められた。しかし、いずれの線でもなかなかめぼしい成果はえられなかった。物盗り説の線では、近隣の前科者を中心に容疑者約一六〇名のリストをつくり、一人ひとりつぶしていくという方針で捜査にのぞんだらしいのだが、これといった容疑者があがらない。のちに本件の被疑者となる岡部保さんも、このリストのなかに入っていた。しかし、岡部さんは事件の一年半前くらいから、郷里を出奔したまま帰っていないということで、当初はいったん容疑の線からはずされた。

捜査が長期化の様相を呈するなかで、怨恨説の線から、その年の末に隣家の主人を逮捕する。しかし証拠がそろわず、二三日間の勾留期限で釈放。その後、警察はふたたび物盗り説にもどって、さきのリストを徹底的に洗い直すなかで、岡部さんが容疑者として浮上してきたのである。といって何か証拠があったわけではない。ただ消去法で一六〇名の不審者をつぶしていって、最後に行方の知れない彼に望みを託す以外になくなったにすぎなかった。

警察は、岡部さんが郷里を出奔するまえに関与したと思われる窃盗未遂事件で、彼を全国に

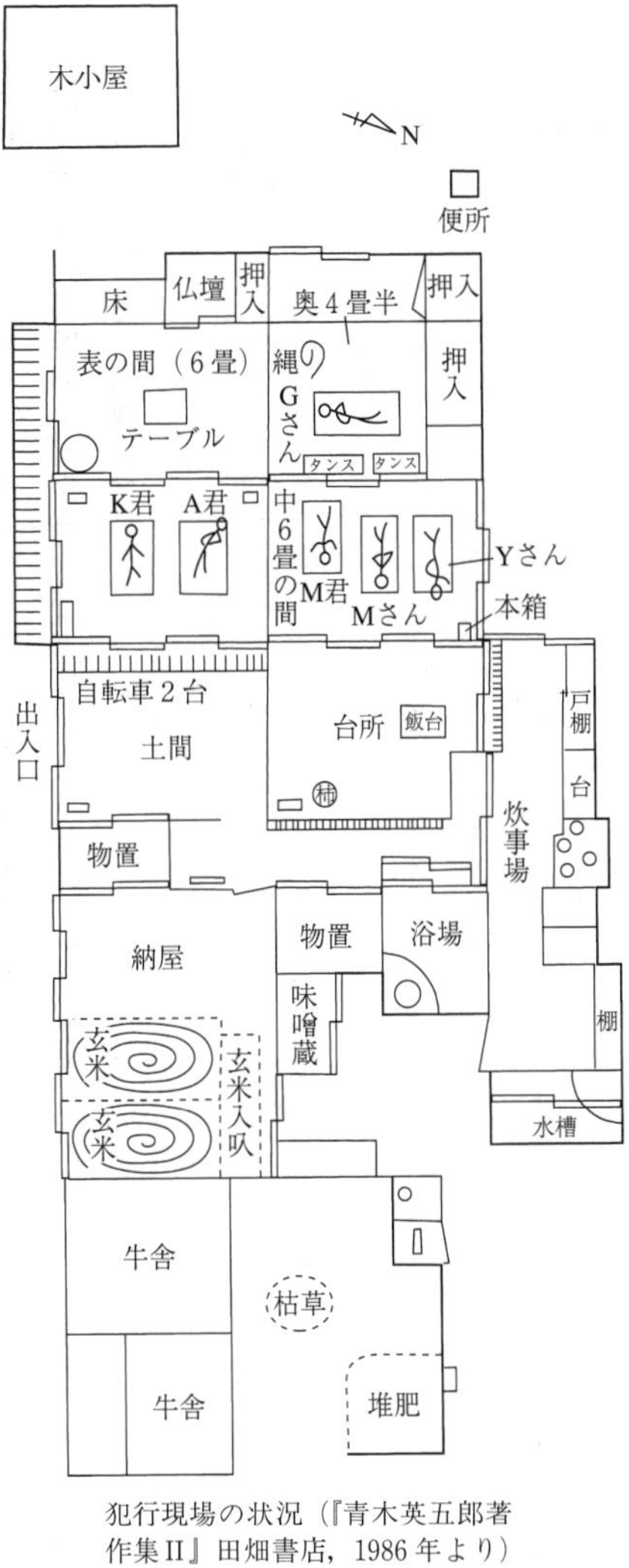

犯行現場の状況（『青木英五郎著作集II』田畑書店，1986年より）

指名手配した。友人と一緒に商店に侵入したものの何もとらずに終わったという、まことに軽微な事件での異例の全国指名手配であった。かくして一九五五年一〇月一九日、大阪の天王寺駅付近で岡部さんは逮捕される。

被疑者

岡部保さんは、逮捕されたとき三七歳だった。一九四五年に二七歳で敗戦をむかえてから、ちょうど一〇年後のことである。

戦後の一〇年は、誰にとっても生きるのに容易な時代ではなかった。農家の長男として生まれた岡部さんは、二一歳で軍隊に入隊、満州、中国、ベトナムと四年間にわたって戦地を巡って除隊、結婚して一時は地元の警察官となるが、ふたたび召集を受けて軍務につき、敗戦をむかえたのは台湾だった。故郷に引き揚げて警察官に復職するが、すぐにやめて父親の経営する製材業を手伝うことになった。仕事はしばらく順調に進んだのだが、独立して製材工として働くようになったとき、まかされていた製材所が折悪しく台風で壊され、負債を抱えて、九州の炭鉱に働きに出たりもした。このころから家庭内の不和で、妻子とも別れ、生活は荒れはじめたという。自転車や酒の窃盗などで逮捕、刑を受け、郷里にもいづらくなって、一九五三年の春、関西方面に出奔したのである。

その後、工事現場を転々とし、一九五四年の八月ごろからは大阪の天王寺公園内で小屋がけして、廃品回収で食いつないでいた。故郷の仁保で六人殺しの大事件があったのは、その年の一〇月、そして岡部さんが大阪で別件逮捕されたのは、翌年の一〇月、故郷を出てから二年半後のことであった。そのあいだ、彼は一度も故郷に帰っていない。ふつうの家にはテレビなどない時代である。小屋がけ生活の岡部さんはラジオすら持っていなかったし、新聞を見ることもなかった。彼は逮捕されるまで、故郷で起こった大事件のことをまったく知らなかった。

取調べ、そして自白

岡部さんを逮捕するにあたって警察にはなんらの証拠もなかった。ほかに犯人らしい人物がいないという、ほとんどそれだけの理由で、まことに軽微な別件容疑をつけて逮捕に踏み切ったのである。ただその逮捕状には「強盗殺人有力参考人」との付記があった。

天王寺署に連行されたとき、報道関係者からいっせいにフラッシュを浴びせられ、事件についての質問を受けたが、岡部さんにはどういうことなのか見当もつかなかった。逮捕の翌日、大阪から山口に護送されたときも、小郡《おごおり》駅で多数の報道陣からフラッシュの出迎えを受け、そこから山口署まで護送する車には、その前後を報道関係者の車が取り囲んでいた。なにかしら大事件に巻きこまれたことはわかったが、それが何なのか、彼にはわからない。彼は事件についてまったく白紙の状態で、取調べを受けることになったのである。

その逮捕から最終的な本件起訴にいたるまでに五ヵ月を要した。ここで岡部さんの人生は根底からくつがえされることになる。その間の取調べ経過をごく簡単に次頁の表で示しておこう。

逮捕の直後に別件の取調べが行われ、岡部さんはすぐにこれを認めた。それが一〇月三一日には起訴となり、その時点で岡部さんは別件に関して被疑者から被告の身分になった。被告である以上、弁護人がつかなければならない。そのとき彼は以前に世話になった弁護士に頼みたいと取調官に申し出たのだが、とりあってもらえず、裁判所からの弁護人選任照会に対して、結局「お金がないので弁護人は裁判所におまかせします」との回答をしたまま、本件起訴によって翌年四月に弁護人が選任されるまで、弁護士がつくことはなかった。結果として彼はまさに孤立無援のなかでその後の取調べを受けることになったのである。

本件の本格的な取調べがはじまったのは一一月二日ごろだという。岡部さんは当然、これに対して否認した。その時期とられた調書は八日、九日の二通のみである(表中の①②。①②③……で表しているのが警察官調書の通し番号、ⅰⅱⅲ……で表しているのが検察官調書の通し番号である)。ただしこの二通も、郷里を出奔してから問題の事件の前後、またそれ以降逮捕されるまで、自分は大阪にいて、そこを離れていないというアリバイを申し立てた調書で、直接に犯行を否認する供述は記録されていない。

最初の自白調書がとられたのは、それから一三日後の一一月二二日(表中の③)である。そこには大阪を出て故郷の仁保に帰るところから、仁保周辺で過ごした数日間の動向、現場での犯行の状況、そして犯行後大阪に帰るまでの筋書が、膨大な量にわたって書き取られている。否認からこの自白にいたる一三日間に、いったいどのようなことがあったのだろうか。

警察側の資料によれば、事実上の否認調書がとられた翌日の一一月一〇日に、岡部さんはすでに犯行を認める姿勢を示しはじめていたという。法廷に提出された取調べ時の録音テープには、一一月一一日のものに断片的な自白がみられる(法廷に提出された録音テープは[1][2][3]……の通し番号で巻数を表している)。とすれば、自白をはじめてからこれが調書として録取

取調べの経過

'55. 10. 19	別件逮捕
20	山口署へ移送
31	別件起訴
11. 2	本件取調べ開始
8	①
9	②事実上の否認
11	[1][2][3][4][5][6][7]
12	[8][9]
14	[10]
18	[11] [12] [13]
20	[14]
21	[15] [16] [17] [18] [19]
22	③最初の自白調書
27	[20]
30	[21] [22] [23] [24]
12. 1	④ [25] [26]
4	⑤
6	⑥ [27] [28]
17	⑦
18	⑧
20	⑨
25	⑩ [29] [30]
31	⑪
'56. 1. 8	⑫
13	i
14	ii
15	⑬
20	⑭
23	⑮
27	iii
2. 1	山口拘置所に移管
8	iv v
15	vi
19	vii
3. 22	[31] [32] [33]
23	検証調書作成
30	本件起訴

されるまでに、少なくとも一一日間の日々を費やしたことになる。自分がやったと認めたのち犯行の様子を語るのに、なぜこれほどの期間を要したのか。おそらくここに岡部さんの自白の最大の謎がある。

それに最初の自白調書がとられた後も、その自白の内容はコロコロと変わって定まらない。自白が最終的なかたちをとったのは、なんと四ヵ月後、翌年の三月二二日の検察官の取調べにおいてのことである。そうして翌二三日に岡部さんを連れての現場検証が行われ、三月三〇日にようやく起訴に持ちこまれた。

裁判

その後の裁判の経過も簡単にみておきたい。

起訴後、岡部さんははじめて弁護士を選任することができ、一九五六年五月二日に山口地裁で第一回公判が開かれた。そこで岡部さんは公の場ではじめて否認する。そのときの様子を、新聞は次のように伝えている(読売新聞、一九五六年五月三日)。

岡部被告は裁判長の罪状認否に対し「天地神明に誓ってYさん一家を殺した覚えはない」とはっきり答え、これまで警察、検察庁当局の取調べでテープレコーダーにまで残っている犯行を全面的に否認した。

ここで興味深いのは、岡部さんの自白が録音テープに収められていることが記者たちにも周知のこととなっていたという事実である。当時の警察検察がこのテープレコーダーを捜査の新兵器として重要視していたことがうかがわれる。

第一審は山口地裁で六年一ヵ月の歳月をかけて、一九六二年六月一五日、岡部さんに死刑の判決を下した。警察官の取調べについては、拷問の事実こそ認めなかったものの、取調べに無理があったとの認定のもとに、自白の任意性を否定した。ところが検察官の取調べによってとられた自白については、その任意性を認め、またその内容は信用できると認定して、死刑の判決を下したのである。裁判官を信じて、きっと無罪判決を出してもらえると思っていた岡部さんは、法廷で「絶対に無罪だ」と泣き叫んで、ふたたび拘置所に引き取られていったという。彼は控訴して争う以外になかった。

第二審の広島高裁もまた、一九六八年二月一四日、控訴を棄却して、第一審の死刑判決を支持した。今度は検察の取調べのみならず警察の取調べにおいても、自白に任意性はあり、かつ信用性も認められるとして、第一審よりもさらに強固に有罪を認定した。岡部さんは弟への手紙で、「あの判決後は、すぐ拘置所に帰りましたが、房内に帰って座っても頭の中は、無念ではりさけそうでした。狂わなかったのが不思議です」と書いている（播磨信義『仁保事件救援運動史』日本評論社、一九九二年、一六三頁）。

そして岡部さんが最後に望みを託した最高裁で、一九七〇年七月三一日、ようやく死刑判決を破棄し広島高裁に差戻すとの判決をえた。自白の任意性については判断を示さなかったものの、自白内容が時期ごとに変転していたり、重要部分に欠落があったりする点でかならずしも信用できないとして、高裁での再審理を求めたのである。

二ヵ月後の九月二二日には、保釈が決定し、岡部さんは一四年と一一ヵ月ぶりに獄の外に出ることができた。それから二年たって広島高裁は、一九七二年一二月一四日、無罪の判決を下し、同月二七日には検察が上告を断念して、無罪が確定した。事件発生から一八年、岡部さん逮捕から一七年、そして起訴から数えて一六年八ヵ月余という、これもまたたいへんな長期裁判であった。

2　録音テープと事件

三三巻の録音テープ

それにしても仁保事件が無罪で確定したのは、もういまから三〇年近くも前のことである。

なにゆえそのような古い事件をとりあげるのかと思う向きもあるかもしれない。理由はいくつかある。一つは刑事捜査、刑事裁判の実務のありようが仁保事件の当時と今日とで大差はなく、それゆえに種々の教訓をそこから読み取ることができるということ。そしてこの点にからんでもう一つ重要なのは、この事件には被疑者を取調べたときの録音テープが大量に残されていて、そこから取調べの様子を直接に知ることができることである。

仁保事件の捜査が行われた一九五五年ごろには、テープレコーダーがまだまだ一般には流布していなかった。その時代に、三三巻におよぶ録音テープが証拠として検察側から提示されたのである。刑事裁判において、これだけ大量の録音テープが法廷に証拠として提出された例はめずらしい。しかも弁護側はこの録音テープをすべて逐語的に起こして取調べ状況に問題があったと指摘し、これを反証材料に用いたし、検察側は弁護側の逐語反訳を再度チェックして修正版を出すなど、証拠としておおいに議論を呼んだ。そうした例はその後もほとんどない。その意味で仁保事件の録音テープはいまでも貴重な資料である。

こういうといぶかしく思われる人がいるかもしれない。なにしろその時代からすでに五〇年近くがたったいま、録音機器の普及はめざましく、これが捜査や取調べに活用される度合は、当然にして数十倍、数百倍に達しているはずである。どうして、いまさらそんな古い録音テープが珍重されることになるのか。

実をいえば、時代が進み、録音技術は向上し、録音機器はどんどん手軽になってきたにもかかわらず、残念ながら、取調べ過程を録音したテープが法廷に証拠として提出されるケースは、かつてと変わらず、きわめてまれなのである。ときに提出されたものがあれば、それはたいてい、自白が完成したあとの総まとめのようなもので、「被疑者がこの通り自白しました」という有罪証拠の補強として使われるだけ。そこには取調べの全容をテープに収めて、その過程をチェックしようとの姿勢はかけらもみられない。

否認段階の取調べ、あるいは否認から自白へと転回する過程の取調べがテープに収められていれば、その自白過程を解明して、はたしてそれがうその自白に陥る過程であったのか、それとも真の自白を獲得する過程であったかを検証できるし、ひいてはうその自白を防止する手立てを考える手がかりにもなる。実際、イギリスでは被疑者取調べの全過程を録音テープ化することが法的に義務づけられているし、日本でもずいぶん以前から刑事訴訟法学者たちが、その必要性を主張してきた。しかし警察・検察はこれに応じる姿勢をまったくみせていない。いまも昔も、被疑者の自白過程は取調室というブラックボックスのなかに閉じられていて、外からうかがい知ることができないのである。

仁保事件の録音テープも、その長い取調べ期間からみれば、ほんの一部にすぎない。しかしそのなかには、被疑者が否認から自白へ、あるいは自白から否認へと揺れ動くすがたが収められているし、もはや否認に後戻りできなくなったのち、自分がやってもいない犯行の筋書を、取調官とのやりとりのなかで右往左往しながら組み立てていく過程もまた記録されている。その意味で自白研究の資料として、いまなお一級資料なのである。

自白の任意性の証明としての録音テープ

仁保事件において録音テープが証拠として法廷に提出されたのには理由があった。当時、取調べでの拷問があれこれの刑事裁判で告発されて、社会問題化していた。とりわけ仁保事件の三年前に同じ山口県内で起こった八海《やかい》事件では、四人の被告たちがいずれも拷問によって自白させられたのだと訴えて、法廷で論議の焦点の一つになっていた。警察・検察としてもこのことを強く意識せざるをえなかったのである。

岡部さんもまた裁判で、警察の取調べにおいて肉体的な拷問があったと訴え、自白には任意性がないと主張した。検察側が録音テープを法廷に提出したのは、この拷問主張に対する反証のためであった。しかし検察側のその意図は、かならずしも成功したとはいえない。

もし取調べの公正さを録音テープで証明しようというのであれば、それこそ取調べのすべてを録音するのでなければならない。ところが先の取調べ経過表をみてもわかるように、仁保事件での録音テープは取調べ期間のある時期に集中していて、しかもその集中していた時期でも、全取調べ時間を網羅的に録音しているのではない。三三巻中七巻が集中している一一月一一日の録音でさえ、おそらくその日の取調べの半分程度にとどまる。とすれば録音されなかった、それ以外の取調べ時間に取調室で何があったのか。そのことを証明するものは何もない。

それに、そもそも本件の本格的な取調べがはじまったとされる一一月二日から一〇日までの九日間については、録音テープが一本もない。この最初の時期に何があったのかがまったくわからない。この九日間の取調べののちに、岡部さんがいよいよ自白する気になったことを確認して、やおら録音テープを準備し、それを隠し取りしたという経緯がうかがわれるのである。これでは拷問的な取調べがなかったという証明にはならない。

そしてさらに録音テープの内容を聞いてみると、それそのものに取調べの異様なさまがまざまざと刻まれている。もちろん拷問的な取調べが録音に収められているわけではない。しかしこれを素直に聞けば、この執拗な取調べを強制といわず何を強制というのだろうかと思えてくる。それほど強迫的な場面がくりかえし、そこには現れる。

説教的な取調べ

録音されたやりとりを生で聞かなければ、その迫力はうまく伝わらないのだが、その点ここはやむをえない。ともあれ膨大な量の録音テープから、そのごく一部だけでも引用して、取調べの場のありようを想像していただくことにする。以下に引用するのは、一一月一一日の取調べを収めたテープ第二巻の一部である。さきにも述べたように、この日、いよいよ自白する気になったということで、その自白場面を録るべくわざわざ隠しマイクを仕立てて録音したものであることを、念頭において読んでほしい(A、Bとあるのは二人の取調官である)。

B　うん、のー、(岡部の鼻をすする音)もうね無我の境になっちょるんだから、の、いろいろな邪念がかかっていないんでね、のう、まあ一服吸うてそれからお話しようで、のーや(二〇秒沈黙、岡部鼻すすり、ため息)。

A　やっぱり子どもがじゃね、親へすがりつくだろ、あの気持ちになってね、わしも君がいよいよ真から言うたさっきのことはな、ね、わしもいよいよほんと心のうちでは泣くような、なんじゃ、心になるで、ほんとに、それほどになるで、本気になってくれたかと思うとの、事実を話してくれるかと思うとね、そねいになってくるんで、わしも。の、何がお前なんじゃろうが、お医者さんでもで、重症患者、この世で死にゃあええちゅうなこと思う者は一つもないで、ね、そうじゃろ。うん(岡部鼻すすり)、それからなんだろうが、わしらだってじゃ、ね、悪いからちゅうて、そういう人間悪いからちゅうて、こげんな外道、殺しちゃろうちゅうような、こんな、捕らえてじゃね、刑務所へ入れたろういうような気持ちは一つもないんで。うん、わしゃいつでもそれを言う、どういう、いかなるその極悪非道な人でも、ええ、人間の真のその何を聞いたら、ね、みなその善人にたちかえってくる。良心ちゅうものがあるんだからね（岡部鼻すすり）。

B もう落ち着いたか、うん？ のー、ちょっと話そうで、の、話してしまおうで、のー、そしたら楽になる。

A じいっと落ち着いてね、腹に力を入れてど、の、腹に力を入れて力が入らんにゃ、これ腰に手をもってってってじゃね、そして話をしてごらん。（岡部鼻すすり）ずーっと精神統一をやってやると、ずーっと話ができる。僕らは、あのこの前もちょっと君と話したようにね、座禅をする。実際のところがそうまでして僕は修養する。現在においてもまだ僕は修養が足らないと思うとる、ね。人間には完成というものはないんだ、ね、どこまでいったからいうて完成はない。

A・B 未完成だから、な。

B それをじゃね、人からね、いろいろ教わり、人から聞いてみな完成に近い人間になってくる。完成しつつある人間ができてくる。ね、そいじゃからね、岡部君のつらい気持ちはようわかるけど、これを出さにゃどうにもならんのじゃからね、君はいま言う腹になっとんだから、お話する気持ちになっとる。美しい気持ちになっちょる。ね、ほいじゃからなんで、お話してしまおうで、のう、うん？

こうした説教が延々とつづく。その間に岡部さんの鼻をすする音や大きなため息が混じる。そしてたまに岡部さんが話すのも、事件そのものの話でなく、自分の父母や、家に残してきた息子のことばかりである。

岡部　（大きなため息まじりに）やっぱり子どもの顔と親父の顔が一番さきに浮かぶな。

B　うん、浮かぶけど話をしてしまわにゃ、の、子の顔も親の顔も浮かばんようになるで。話をしてしまわにゃ、の、そりゃ人間じゃから君の気持ちはようわかる。

A　いままで犯した不孝というものの償いはじゃね、君がしなくちゃいけないで、の。君が話すことによってだね、いいか、君がその話すことによってだ、いままでの不孝の万分の一でも、ええかね、事実を話すことによってだ、事実を話すことによってだ、いままで君が不孝の数々をやったことそのものがで、の、万分の一でもそれが報いることができる。（女性の署内放送）うん？　そうだろう？　それじゃったら君がせんないけれども自分の心のうちをさらけ出して話さなくちゃいけない。ね、赤裸々な気持ちにならなくちゃいけない、な。

岡部　話します。主任さんと部長さんがおられるから、手間はとらせません（足音、二〇秒沈黙、岡部鼻すすり）。

B　うん、つらい、つらい、つらいけど話さにゃあで、のー、の、力や元気だして、の、すがれ、こっちへのー、うん、うん、話をせにゃあ、ねー、あんた一時も早う楽になるんじゃからのー、（岡部鼻すすり）どうか？

A　僕の手でもね、すがりついてでも話しなさい、うん、話しなさい。そうしたら力が入るだろう、うん、（岡部鼻すすり）さっき言ったいよいよ純真無垢な精神にならなくちゃいけない。

岡部　いま、通保（息子の名前）は学校に行きようるですかのう。

B　うん、行きようる。うん、そがいなことは心配せんでもええんじゃから。

岡部さんはここにかぎらず、父母のこと、そして息子のことをしきりに思い出し、その身を気づかっている。窃盗の前科、出奔など父母に不孝をくりかえし、子どもに不憫な思いをさせていることに、あらためて悔恨の思いをかきたてられざるをえなかったとのちに述べている。

しかしここで注目すべきは、二人の取調官の執拗な迫り方である。無我の境地になりなさい、親にすがる子どもの気持ちで話しなさい、人間は動物と違う、人間らしい気持ちになりなさい、美しい気持ちになりなさい、犯した不孝は万分の一でも償わなければならない……と、ほとんど説教に終始する。その説教の背後にあるのが、岡部が犯人であるという確信、しかしその確信に証拠があるわけではない。軽微な窃盗未遂事件でもって別件逮捕せざるをえなかった事情からして、それはあきらかだろう。

取調官たちの執拗な説教的尋問を支えているのは、まさに証拠なき確信である。この確信が被疑者から自白という証拠を搾り出してくることは、第一章、第二章でつぶさにみた。そして岡部さんもまたここですでにあきらめて「話します」と答えている。しかしそうして罪を認めたうえでなおかつ、彼には犯行の筋書きが語れない。その苦悶をこの録音場面からうかがうことができる。

拷問と説教

ただ念のために断っておかなければならないが、岡部さんの場合、説教的な取調べだけで落ちたのではない。証拠なき確信によって説教的な尋問をくりかえす取調官の心性は、しばしば拷問によってでも罪を認めさせたいという心性に直結している。現に岡部さんは、さきの取調官A、Bらを中心に種々の拷問を受け、それに耐えられずに自白したのち、たったいまみた録音場面のような取調べ状況に追いやられていたのである。

岡部さんは、取調べの場で受けた拷問の種類を次のように列挙している(『青木英五郎著作集II』田畑書店、一九八六年、一九二〜一九三頁)。

1 取調べ時間中、正座させておいて、足がしびれて動けなくしたうえで、髪や肩をひっぱったり、ひざの上に乗ったりする。
2 両側からひざをけりつける。
3 竹刀や竹ぼうきを正座している足の間にいれる。
4 鉛筆を指の間に入れてねじる。
5 頭に柔道の帯をしばりつけ、その端をズボンの後ろにくくりつけて、体をひきそらしておく。
6 座敷ぼうきで顔を逆さにすり上げたり、鼻を指ではじき、また両耳を両側から二人の刑事が声をかけあいながら反対方向にねじあげる。
7 寒い時に、シャツを頭まで上げさせて、やかんで首筋に水をたらし、うちわや扇風機であおいで冷やしたり、金属の盆を押しつけたりする。

一般の人がイメージする拷問のイメージに比べれば、これはさほど苛酷には見えないかもしれない。しかし問題は暴行の激しさそのものではない。こうした手段を使って貶められ、支配されていくその心理こそが、自白への転落において重要なファクターをなす。たとえば岡部さんは長時間の正座で下半身が完全にしびれて、小便をたれ流してしまうことすらあったという。そのみじめさは、私たちの想像にあまりある。

もとよりこの拷問的な取調べそのものは、録音場面では控えられているのだが、録音場面に収められた執拗な説教的尋問もまた、じつのところその心理的効果においては、基本的にこの拷問的な取調べと同質のものではなかったか。取調べという関係の場のなかで、取調官が圧倒的に主導的な位置に立ち、ときに拷問を加え、説教を垂れる。岡部さんはただその場に支配され、うその自白を吐き出すよりほかない立場に置かれたのである。

3　「犯人になる」心理

「犯人に自白させる」という意識

本章の本題は、実はここからである。無実の人間が、やってもいない罪を自分がやったと言わざるをえなくなったとして、そのうえでいったいどのようにしてその犯行のストーリーまで語れるのだろうか。この謎に触れておかなければならない。

自白へと転落した後、犯行の筋書を展開していく過程についても、一般の人はこれをしばしば誤解している。一つには、しあがった自白調書の山を見て、犯人でもないものがこんなに詳細な犯行筋書を自白できるはずはない、これだけの自白をやっているからには真犯人にちがいない、そう思う人が少なくない。これはおそらく一般のごく素朴な感じ方であろう。他方で、この考えとは反対に、だからこそその自白は取調官の側で完全に創作して、それを強引に被疑者に飲みこませた結果にちがいないという、いわゆる完全なデッチ上げ論を立てる人もいる。

しかしこのいずれの見方も現実からは遠い。

岡部さんが自白する以外にないという心境になって取調べを受けた録音場面を、もう一度振り返ってみよう。まず取調官は、少なくともその主観的な意識においては、無実の人に自白をさせているのではない。あくまで相手を犯人だと確信して、その犯人に自白させているつもりである。だからこそあそこまで執拗に説教することができるのである。さきの引用場面の少し前のところで、二人の取調官は岡部さんに次のように迫っている(第二巻)。

B　君がお話するんじゃからね。人が言うて聞かれるように、わかるようにお話せにゃあ。

A　わかるように話してくれんにゃあいけん。

B　ね、君にゃあようわかっちょるけど。

A　わしらにゃあ、全然わからん。

B　聞くところの主任さんやわしらにはわからんのじゃからね。そいじゃから君が、お話を人にして聞かせるような筋道が通ったお話せにゃいけんじゃろう。

犯行の中身を知っているのは、当然ながら犯人だけである。二人の取調官も、おのずとそうした意識で聞いていることがわかる。ところが無実の被疑者には犯行の中身がわからない。といって、もはや「知らない」とか「わからない」では通らない。ではいったいどうすればいいのか。自分がやりましたと認めてしまう転落の過程がうその自白の第一幕とすれば、そこから、それまでとはまったく異なる第二幕がはじまる。

幕間のためらい

取調べの場での追及がつらくなって、最後に「私がやりました」と言えば、被疑者はその時点で取調べの場から解放されるのではない。取調官にとってそれは第一幕の終わりではあっても、自白そのものの大団円ではなく、まさにこれから自白内容が語りだされていく第二幕のはじまりなのである。取調官はわずかの幕間をおいて、自白に落ちた被疑者に、つづいて「じゃあ、どういうふうにやったのか」と迫る。

もちろん無実の被疑者にはわからない。しかし「わかりません」とは言えない。そう言えば再び第一幕に引き戻されて、その苦渋をもう一度味わうことになる。かといって、わからないことはやはりわからない。そうしてときに、第二幕に入りきれない逡巡のなかで、第一幕とのあいだを行き来する。さきに長々しく引用した一一月一一日の録音の場面は、まさに第一幕が下り、第二幕が上がりきらない、その幕間のやりとりといってもよい。岡部さんは、仁保の一家六人殺しの事件について、いわばまったくの白紙だった。その彼が自白に落ちたとき、いったい事件をどう語ればよかったのか。

自分の故郷での事件であったから、この事件を起こすには、とにもかくにも当時住んでいた大阪から故郷の山口県の仁保にまで帰らなければならない。そして犯行後は大阪に戻ることになる。この行き帰りについては、ただの旅行の経路であるから、おおよそ語ることができる。またその日程についても、最初は事件が何月何日の何時ごろあったのかさえ知らなかったから、どう答えていいかわからなかった。しかしそれも、取調官とのやりとりのなかでやがて見当がついて、どうにか犯行時間帯と思われる一〇月二六日午前零時あたりを想定できるようになった。

問題は、事件の現場であるYさんの家である。故郷にいたころ、その家には行ったこともなければ見たこともなかった。そこにどういう人が住んでいるかも知らなかった。それゆえ一一月一一日の日、自分がやったと認めはじめたものの、Yさんの家の話になると、岡部さんにはどうにも語りようがない。じっさい、彼は取調官からそのあたりのことをしきりに聞かれている（第四巻）。

B　のう、人間はね、したことについて悪かったという気持ちがあれば、それで一番美しいの。のう。さあ、泣くのをやめて、お話しましょうね。うん、岡部君や、主任さんにお話してみい。うんのう、いまの気持ちじゃけど、いまの気持ちをね、あるうちに話してしまいなさい。そして、あとはさっぱりした気持ちになろうで、のう、（一〇秒沈黙、岡部すすり泣き声）わかったのう。（八秒沈黙）いつまでも思うても同じこと。のう、泣くのはやめえ。はあ、のう。どこから入ったか、Yの家の。うん、うん、うん。

A　どこから入ったの。うん、うん、うん。

この被害者宅への入りと出についての尋問は、その後もくりかえし出てくる。もう一ヵ所だけ引用する。同じ一一日の取調べである（第四巻）。

B　いくじのない男じゃないのう。君が進んでお話するちゅうて、君の力でいま君のお話しよる。のう(岡部すすり泣き声)Yの家に行ってどうじゃったや。うん、うん。(四五秒沈黙、その間、教会のものらしい鐘の音、岡部のすすり泣き声、緊急車のものらしいサイレン)

A　のう、岡部君、岡部君、岡部君、岡部君や、どうかね。ええ、男なら男らしくひと思いにぱっと言わなくちゃ。うん。

岡部さんはこれに答えられない。そのためらいの意味が、取調官にはわかっていない。じっさい、岡部さんがこの事件の真犯人だったのなら、私がやりましたと認めてしまってから、凶行場面そのものを語るのにためらいを示すのならともかく、ただ被害者宅への入りと出の状況を話すのにどうしてためらうことがあろうか。

無実の被疑者が「犯人になる」ということ

岡部さんがためらった理由は単純である。つまり彼には、そもそもその問いに対する答えがわからなかったのである。さきの録音の引用場面から三日後、一一月一四日の録音にはその事情が、岡部さん自身の口から端的に語られることになる。これまで録音ではほとんど取調官が話しっぱなしで、岡部さんはほとんど断片的にしか応答していないのだが、ここでは自分のほうから積極的に語り、取調官に訴えている。以下はその一部である(第一〇巻)。

岡部　このたびの、まあ、仁保のYの家の、その六人殺しというふうな、まあ事情について、自分が大阪を出てから、こっちへいつ帰って行ったということを、まあ、申し述べておいて、おいたんですが、……ほいからそのいまYの家のかんじんなとこの話になってくるんですが、ほいで、うそっていうことはいかに言いづらいかということを、まあ自分としては、その話のしようがないようなって、それがあんまりにも、まあ皆さんから期待かけられて情ようしてもろうたので、そこがはしからはしからつろうなったんですが、まあ私は、これをひるがえすちゅう、その意志のもということもないんですけれど、Yの家を後ろから入って前に出た。前へ入って横から入ってまた裏へ出たと、ほいから朝何時に、結局出て行ったと、ほいてどういうものを持って出た。どういうもので殺害していったかと、まあこれが一番大事なことだろうと思いますけれど、それを、こりゃまあ、どうしても言わんにゃならんことだから、話さにゃならんことになっとる。ほて、(車の音)いままでまあ刑事さんから追い詰められて、一人の立場になってきとるですが、それでこれを結局どういうふうにまあ期待にそおうと思うて、非常にまあ苦労してきたわけなんですが、そりゃ、私がまあ、つべんこべん言うことはないんじゃけど、まあ犯罪捜査もこれは捜査される以上に非常におかしいことをしたと思うて、これは叱られるのを覚悟の前でいま言いよるんじゃが、そりゃ、こないだから、その気になっても相当みましたです。その気になって、ぐっと考えてみて、一等役者みたいなこともやってみたら、まあこれを否認する、要するに隠すというわけではないんだけど、あの家を、結局、浅地の牧川ですか、牧川の家を、Yのうちを、まあ上からか下からか言われたんですが、事実をいうたら、私にはその家そのものがわからん、ほいで裏から入って、持って行った言うたら、またどういうふうになるじゃろか。違やあすまあか。表から入った言うたらえかろうか。しかし家の内に表から入る者はない。必ず裏から入るじゃろう。裏から入って裏へ出るか。で、指紋とられるときに開き戸を引っ張るような格好を何べんも指紋をとられたから、開き戸があったにちがいない、というようなこともまあ自分でいろいろ、この考えてみたんだが。よし、おりゃ犯人になったろ、犯人になったろ。犯人だ。犯人になったんや、おれがやったんや思うて、ものすごい自分で犯人になりすまして、方法とってみたんですけど、いよいよ最後になって。

ここで取調官は、おかしいと気づいて「そりゃ話がどうもおかしい」と割りこむことになる。被疑者というと煮えきらない被疑者がふたたび否認に舞い戻ろうとしていると思ったのである。被疑者というものはすきあらば否認に転じるものだ思っている取調官の目には、無実の被疑者のこの苦渋が見えない。

それにしても岡部さんがここで発した「犯人になったろ」ということばに一瞬耳を疑う人がいるかもしれない。しかしこれほど無実の被疑者の心境を率直に語ったことばは、おそらくほかにない。「私がやりました」といって第一幕を閉じた被疑者が、第二幕の舞台に押し上げられたとき、もはや犯人になってなんとか犯行筋書を語りだす以外に選択肢はない。しかしこれがどれほど難しいことかを、岡部さんは訴えずにはいられなかったのである。

「犯人になる」という心理は、一見、常軌を逸しているようにみえる。しかし無実の人がうそで自白するとき、ほとんどがそうした心理状態に陥るものだと知っておく必要がある。実のところ、常軌を逸しているのは被疑者ではなく、彼の置かれた状況なのである。常軌を逸した状況のなかで、被疑者はごく正常な心理として「犯人になる」ことを選ぶ。

犯行供述のなりたち

さて岡部さんのその後の供述経過を、ごく簡単であれ、語っておかなければならない。彼が取調べのなかで否認的な言辞を吐いたのは、いま引いた一一月一四日の録音テープ（第一〇巻）が証拠上は最後である。それ以降、結局、彼は「犯人になる」ことに徹する以外になかった。

しかし一家六人殺しという大事件であるし、彼はその現場そのものを知らない。それに説明しなければならない遺留品や証拠状況がいっぱいあった。

一四日以降、二二日の最初の自白調書が取られるまでのあいだに残っている録音は、一八日から二一日までの四日間に九巻ある。そこでは岡部さんは、文字通り犯人になって話しているのだが、現場の状況となかなかあわず、「わざと間違ったことを言っちゃいかん」とか「ちゃんと話す気にならんとあかん」とか、しばしば注意され、説教されている。

たとえば被害者Y宅への侵入の場面でも、「Yの家、(山の)上の方から降りていって、せど(裏)に回って」(第一一巻)という外形的なところは話せるのだが(これとても後の供述で変遷する)、具体的に家のなかにどこからどう入ったかになると途端に難渋する。あれこれ想像して言うのだが、結局、実際のY宅の状況とは合わない。それで取調官もいらだって、たとえばこんなふうに言う(第一五巻)。

A うん、君。はしから何でちんぷんかんぷん分からんようなことを言い出すの。ええ、なあ、もっとよう心を落ち着けて、ほんとうのことを話すようにせにゃあいけんで。

B 牛小屋からねえ、すぐ納屋に入って裏へ入って台所へ行くちゃあ、どがいか。おかしいのう、そりゃどういうことかいのう。意味が分からんでよう、俺は。ようその意味を説明してみなさい。

じっさい、さきの図(一一一頁)を見てもわかるように、牛小屋から直接納屋には入れないし、納屋から裏に抜けるような構造にはなっていない。それに裏からすぐに台所には入れない。岡部さんの言うことがいちいち矛盾する。

あるいは六人を殺害するのに用いた凶器ですら、岡部さんの供述はでたらめである。鍬、包丁、出刃、桑切り包丁、丁能鍬《ちょうのぐわ》(唐鍬)、海軍メス、ペンチ、ねじ回し、小刀と、思いついたものが次々あげられる。現場に残されていたのは唐鍬と出刃包丁で、自白調書ではやがて、それに集約されていく。

取調官の質問に岡部さんは想像で答える。それに対して、現場状況や検証結果を頭に入れた取調官が、「なるほど」とうなずいたり、「ほんとうにそうか」と確かめたり、「それはないだろう」といぶかったりする。その反応を汲みとって、岡部さんは徐々に現場の状況や遺留物の状況に合う供述ができるようになる。それは文字通り気の遠くなるような作業である。しかしそれ以外に、岡部さんには「犯人になる」道がない。そうして最初の自白調書では、たとえば侵入部分が次のようなかたちで語られることになる。

夜中の一二時頃と思われる頃、Yさんの家に下から上がっていき(さきの録音テープでは上から下りてきたことになっていた—筆者)、牛のだや(牛舎のこと)の所から屋敷の裏側に廻って見て、また引き返して表に出て西側から裏側に廻って様子を見て、家の人がよく寝ていることをたしかめ、忍びで這入《はい》ってやろうか、ぢかに這入ってやろうかと考えたが、どちみち思い切ってやらんにゃ事にならんと思い、何か手物をと思って東側の牛のだやの所から這入って手さぐりで、藁切にしようかと思ったが、そこらにあったちょうの鍬(唐鍬のこと)に手が触れましたのでそれを提げて出て、裏に廻り、納屋の引戸を開けて中に這入り、本屋との間に戸があったように思いますが、簡単に開いたので、台所の庭(土間のこと)に出て……

この調書だけを読めば、およそ無実の人が語ったものとは思えない。なにしろ現場の状況ともよく合っていて、現場のことを知らない人には語れそうにはないからである。しかし現実にはそれは、録音テープに一部残されているような取調官とのやりとりをとおして最終的に得た結果を、取調官自身が整合化してまとめあげたものにすぎないのである。しかもこの供述そのものが、その後三ヵ月にわたって変転する。

認定された犯行筋書

自白が形成されてきたこの経緯は、第一審においてすでにあきらかであった。だからこそ第一審の裁判官は、警察での取調べ過程にかなり無理があったことを認め、その自白調書は証拠とならないとした。しかし驚くべきことに、そのうえで、翌年の一月以降に取られた検察官調書七通については任意性、信用性があるとして、岡部さんの有罪を認めて死刑判決を下したのである。犯行筋書の中心部分について、この判決は次のように認定している。

昭和二九年一〇月二〇日頃、郷里山口県に帰り、数日間所々を、さまよい歩いたあげく同月二六日午前零時頃、同町大字仁保、農業Y方堆肥場にあった唐鍬を携えて、同人方母屋に到り、土間物置の金品を窃取すべく物色中、同人に妻Mに気付かれ、誰何されるや、ここに同家家人を殺害して金品を強取しようと決意し、奥六畳の間に入り、起き上がろうとする同女の頭部を所携の右唐鍬を振って乱打し、続いて、その傍らに就寝中の主人Y及び同人の五男M、隣室表下六畳の間に就寝中の三男A、四男Kの各頭部を順次同様乱打し、次いで納戸四畳半の間に入り、起き上がろうとする老婆Gを押し倒し、その頭部を同様乱打して、再びY夫婦の寝室に引き返し、なおも同人の頭部を同様乱打して、右六名にそれぞれ瀕死の重傷を負わせた上、同室の本箱の抽出にあったチャック付財布内及び納戸にあったタンスの小抽斗《こひきだし》内から合計七、七〇〇円位の金員を強取し、最後に台所にあった出刃包丁を持ち来り、これで右六名の頸部を順次突き刺すと共にY夫婦及びGに対しては、その胸部をも突き刺し、以上の各損傷による失血のためそれぞれ死に致して、殺害した上、Y夫婦の寝室に掛けてあった洋服上衣一枚を強取したものである。

この認定は、検察官がとった自白調書をただ簡潔にまとめなおしたものにすぎない。そしてその検察官調書自体が、警察段階から積み上げられてきた自白を、検察で現場状況、証拠関係と照らしながらチェックして、確定したものにほかならない。

母のもとを訪ねて

岡部さんの自白の変遷は警察官調書にとどまらない。自白開始後二ヵ月以上たってとられはじめた検察官調書七通のなかにも、種々の変遷がある。そこから興味深い一点だけを、最後に取り上げておきたい。

事件の当時、岡部さんは遠く大阪の地にいた。その彼が故郷の山口に帰るというのであるなら、帰るだけの明確な動機がなければならない。自白のなかでは、もう一年半も帰っていないので一度帰郷し、適当な働き先があれば郷里で就職してもいいし、場合によっては父親から一万円くらいの資金を貸してもらって大阪で屋台店を出してもいい、それでもだめなら盗みを働いてでも商売の資金を稼ぐ以外にない、そう思って大阪発の列車に乗ったということになっている。そうだとすれば、故郷ではまず実家に帰るということでなければならない。現に岡部さんは警察段階の取調べから、故郷に帰っていながら「(自分の家で)飯の一杯も食わんことはあるか、親に絶対に会うちょる」と責められ、調書の上でも、家に帰って母に会った話を聴取されている。しかもその供述が実に迫真的なのである。一月一三日付の検察官調書一通目に出てくるその場面は、次のようになっている。

翌二五日(犯行前日)午前三時頃、私の生家へ帰り牛小屋の横に在る藁小屋に入って、その日の夕方迄隠れていました。その間、二、三回母屋に入りかけましたが、父親がいるのでどうも敷居が高く中へ入れませんでした。夜八時過頃、家では夕飯が終わったらしく静かになりましたので、裏から「ご免下さい」と如何にも他の家の者がやって来たような挨拶をしました。実は近所の手前上、私が帰ったのを近所の者に知られまいとして、そのようなよそよそしいことばをかけたわけであります。

中に入って見ますと母親は飯台横に在る水屋の抽斗《ひきだし》を開けたりなどしていましたが、私の顔を見るとさも驚いた様子で、「まあ」と申しました。私は父親に聞こえては悪いと思い、手真似で母親が声を出すのを押さえるようにし、台所へ腰をかけました。そして小さい声で「大阪で失敗して土産も買わずに帰ってきた。飯を食べさしてくれ」と言うと、母はご飯と大根煮しめや漬物を出して食べさしてくれました。

母はこれまた小さい声で、「そんな風をして帰ってくるということがあるか。家を出なくてもよかったのに。子どものことは心配するな。……」とぐちをこぼしましたが、その後で、「前の家に蒲団があるから出して、まあ今晩だけは寝るがよい。明日朝、人目につかぬように帰ってくれ」と申しました。

私は母の言葉を有難く思いましたが、最後に言った「人目につかぬよう帰ってくれ」という言葉が、ぐうっと胸に来たのであります。……心の中では自分のような前科者が家に帰って来るのをそれほどまでに嫌がっているのか、それも無理はないとは思うが、母の言葉が余りに胸にこたえたものですから、売言葉に買言葉で母に対し、「どうせ前科者だから邪魔だろう。明日帰れといわんでも今晩帰ってやるわい」と啖呵を切り、「俺が戻ったということを、もしも人に話したら今度お前らが叩き殺されるぞ」とすご文句をならべて、「帰るわい」と言い残して、家の裏へ飛び出したのであります。

そのとき母は、何か私に言いたげでありましたが、私の見幕が荒いので慄えているように見えました。家に居た時間は一時間位ではなかったかと思います。……私が母の言葉に従って一晩家に宿りさえすれば、この事件も起こさずにすんだであろうと思います。ここにも私の運命が悪く回転したのであります。

ここに語られた状況は、ごく自然で、生々しく、およそ虚構のこととは思えない。ところが一ヵ月後にとられた六通目の検察官調書(二月一五日)では、実家の藁小屋で寝たのはほんとうだが、「家の中には敷居が高くてどうしても入れなかったのであり」、家に入って母と会い、母のことばに傷ついたという話はうそだったということになる。

岡部さんが母親と会ったという自白を引き出してのち、警察は当然その母親に事情聴取を重ね、岡部さんが事件の日の直前に家に帰ってきたのではないかと問い質した。ところが度重なる事情聴取にもかかわらず、母親は頑としてこれを否定し、息子は家に帰ってはこなかったと言い通したのである。結局、検察官は母親のこの供述を無視することができず、岡部さんの自白をそれに合わせる以外になくなったのである。

それにしても、どうしてここまで迫真性のあるうそを、被疑者みずからついてしまうのか。第一審の裁判官から、この点を聞かれて、岡部さんはこんなふうに答えている。

責められて、時間つぶしと言っちゃおかしいけれども、とにかく何か言うてなきゃ

「「はい」の子じゃ、「はい」「はい」ばかり言いやがって」と鼻をパチパチはじいたり、足をけり上げられて、やられるんです。それで何か、そういうふうに事実感を出すように、出すようにと思って、一生懸命、作る答えをいったわけであります。

自白して「犯人になる」と、今度はよりよく「犯人を演じる」ことを求められ、またそれに応じる以外にない。それにここは自分の家の場面であり、母とのやりとりの場面である。親不孝をしてきた自分が、こうして帰郷して母に無残な姿を見せている。それは現実でなくとも彼には十分に「事実感」をもって想像できることであった。現実ではないこの場面に彼が込めた心情そのものはほんとうといってもよいかもしれない。それは倒錯した心理ではある。しかし取調べの場の状況が彼にこれを強いてきたのである。

被疑者と取調官の合作

自白に追いこまれ、もはや引き返せないところまできたとき、被疑者はそこから自分が犯人になったつもりで犯行筋書を考えていく。しかし実際に体験しなかったものが描く物語が簡単に現実と合致するわけはない。あちこちに辻褄《つじつま》の合わない話が出てくる。そのとき取調官のほうで、ほんとうはこいつはやっていないのに、うそで自白をしているのではないかと気がついてくれればよい。しかし真犯人だと思いこみ、決めつけてかかっている取調官は、辻褄の合わない話が出てくるたびに、真犯人でも見間違いもあろうし、記憶間違いもあろうと思う。あるいは真犯人なのにまだ煮えきらずにうそを言っていると苛立ったりもする。そこで「それはなかろう」と指摘し、「おかしなことをいうんじゃないよ」とただす。そうすると被疑者は、さきの自分の話ではうまくないのだと知って、別の話を考える。こうした相互のやりとりをへて、手持ちの証拠や現場状況におおよそ矛盾しない物語ができてくる。とすれば、そこにできあがった自白調書は、結局のところ、被疑者と取調官との合作という以外にないしろものである。

さらにいえば、取調官とて犯行の実際を直接知っているわけではない。手持ちの証拠と現場状況から犯行の物語を推測するという意味では、無実の被疑者と同じ立場にいる。奇妙なことだが、犯行のことを知らないものどうしが、取調べの場で頭を寄せあって、ああでもないこうでもないとやっていくなかで自白調書はできあがっていくのである。それゆえこの両者の合作も一発では決まらない。下手をすれば、ほとんど日替わりで犯行物語が変遷していくことすら起こる。

こうしてみれば岡部さんの苦境がどのようなものであったかがわかってくる。自分がやったと認めた日から実際に自白調書が取られるまでに一〇日あまりを要し、さらにこの自白調書が変遷をへて最終の自白として完成するまでにまる四ヵ月を要した。その間の犯行物語の変転は、およそ信じがたいほどの激しさである。

だからこそ、岡部さんの自白過程を素直に読み解けば、それが無実の人の自白でしかないことは歴然としてくる。他の証拠がどうであれ、彼の自白調書、そして取調べの録音テープの内容そのものが彼の無実を証明しているといっても過言ではない。にもかかわらず現実には、その当の自白によって、彼は二度の死刑判決を受け、最終の無罪判決を得るまでに一七年の歳月を要した。自白の魔力はそれほど強いのである。

岡部さんは事件について白紙から出発した。その意味で一つの極限例であった。それだけにそこには無実の人が「犯人になって」自白を語っていく実相が如実に表れているともいえる。他方、多くの冤罪事件では、被疑者として巻きこまれる人は、ほとんどが当の事件の現場周辺に生活していた人たちであり、少なくともどういう事件であるかの外形を知っている。大きな事件であればマスコミ情報も耳にしているし、近隣のうわさ情報も聞いている。あるいは被害者とも懇意で、その生活をよく知っているというケースが少なくない。それゆえ彼らが取調べの場に引き出され、苦しくなって「犯人になる」とき、そこではすでに「犯人として語る」だけの素材がおおよそそろっている。ただ素材があっても、それをつなぐ物語の筋書はまだ大半白紙のまま、それを埋める作業は、岡部さんのばあいほどではないにせよ、やはり困難をきわめる。そしてその困難の痕跡が自白調書に残されていくのである。

ここに自白の意味を反転させる契機がはらまれている。つまりその自白調書を正確に読み解く作業を重ねれば、そこに自白形成の過程が浮かび上がってくるのを見ることができるからである。そしてそのとき、実は自白調書そのものが無実の証明につながる証拠となっていくのである。仁保事件の岡部さんの自白はその貴重な範例である。

次章では第四の事件として、現在再審請求中の袴田事件を取り上げ、死刑囚袴田巖さんの自白について、その自白形成の過程を読み解く作業を実際に行ってみることにしたい。

第四章　自白調書を読み解く

1　袴田事件

獄中三四年

袴田巌さんは、一九六六年八月一八日に強盗殺人・放火・窃盗のかどで静岡県清水署で逮捕されて以来、現在すでに獄中生活三四年を越える。彼が逮捕されたそのとき、仁保事件は控訴審のまっただなか、その六年後にようやく無罪を勝ちとった。また甲山事件の二五年は、袴田さんの獄中三四年のなかにすっぽりおさまっている。そして彼はいまなお確定死刑囚として再審請求中の身分である。

雪冤の闘いは、ほとんど私たちの日常的な時間意識を超えている。私自身の生活史に重ねれば、この事件発生の年、私はまだ一九歳、大学二年生だった。その私がいまはもう五四歳、大学に勤めて二四年になる。その間ずっと袴田さんは獄中に囚われたまま、被疑者として、被告人として、そして再審請求人として、自らの主張を一度も受け入れられることなく、空しくこの事件の「犯人である」ことを強いられてきた。そんな生活に、人はどこまで耐えられるであろうか。獄中で洗礼を受けた袴田さんは、一九九二年に、救援会の人々の手をかりて、『主よ、いつまでですか』(新教出版社、一九九二年)というタイトルの獄中書簡集を公刊した。しかしその後、拘禁症状を示しはじめた袴田さんは、いま公の発言をいっさい断っている。

この袴田さんの獄中三四年の出発点となったのが、やはり自白であった。彼は逮捕後一九日間、連日長時間の取調べにさらされて自白、そののち警察官調書・検察官調書あわせて四五通の自白調書をとられた。裁判では否認に転じたが、自白の重みははねかえしがたく、一九六八年九月一一日に静岡地裁で死刑の判決、そして一九七六年五月一八日に東京高裁で控訴棄却、一九八〇年一一月一九日には最高裁も上告を棄却して死刑が確定した。死刑確定の翌年に再審請求を申し立てたが、認められないまま今日にいたっている。袴田さんは獄中三四年のうち、二〇年間を確定死刑囚として生きてきたのである。

袴田さんは、これまで紹介してきた人たちとは違って、裁判の上では有罪者である。これを冤罪というのは、とりあえずは本人や弁護団、救援会の人たちの言い分にすぎないともいえる。とすれば、これまでの三人と同列には論じられないといわれるかもしれない。しかし考えてみれば、冤罪者はみな、最初は周囲からの犯人視にはじまり、多くは現実の裁判で有罪の判決を受け、そのうえでようやく無実を証することができるのである。裁判所のお墨付きをもらってはじめて冤罪だというのではない。袴田事件はまだ裁判で無実だと認められていないという理由で、これを扱わないというわけにはいかない。

じっさい、私自身、この再審請求の過程で彼の自白を分析する機会をえて、袴田さんは無実である可能性がきわめて高いとの結論を避けることができなかった。ここでは、これまでの三章で展開してきたうその自白の心理学を踏まえたとき、袴田さんの自白がどのようにみえてくるのかを論じることになる。

事件

袴田巖さんの名をとって袴田事件として知られているこの事件も、当初はただ「清水の殺人・放火事件」として報道されていた。事件が発生したのは一九六六年六月三〇日午前二時ごろである。静岡県清水市にある味噌製造会社専務Hさん宅から出火、住宅を全焼し、さらに隣家二軒を類焼して二時三〇分ごろ鎮火した。現場は東海道本線清水駅から線路沿いに東北へ二・六キロの地点で、H専務宅の南端の裏木戸は直接線路に面している(図)。

焼け跡から、この会社の実質上の経営者であった専務Hさん(四一歳)、妻Tさん(三九歳)、二女Fさん(一七歳)、長男M君(一四歳)の焼死体が発見された。当初無理心中ではないかとも見られたが、どの死体にも鋭い刃物によると思われる創傷が多数あり、ガソリン臭がしたため、何者かが四人を殺傷してガソリンをかけ、火を放ったものと断定、ただちに捜査に乗りだすこととなった。

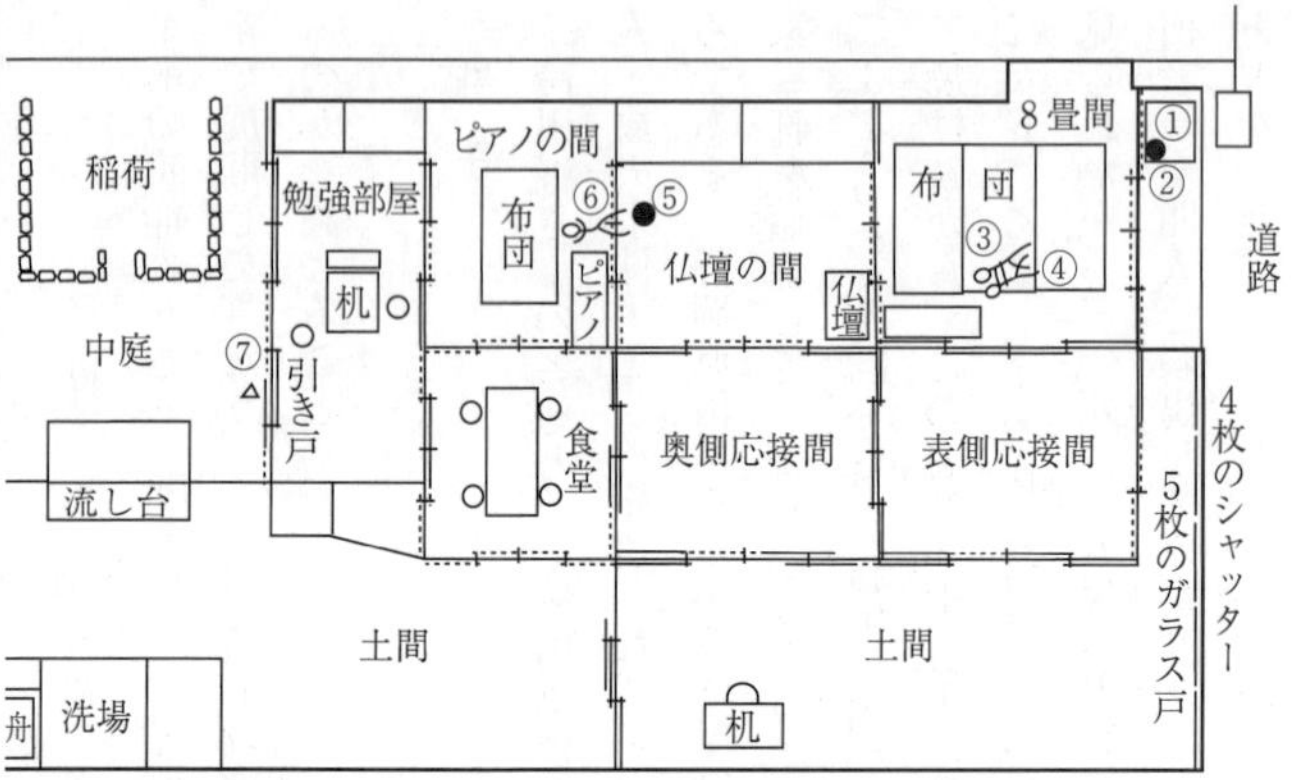

①夜具入　②現金在中の甚吉袋　③妻Tさん　④M君　⑤くり小刀　⑥Fさん　⑦雨合羽　⑧血痕　⑨専務Hさん　⑩油を含むボール紙・パンツ　⑪ポーチ(蟇口)　⑫金袋　⑬金袋

田事件検証調書をもとに作成)

この会社では前日二九日に従業員が地区ごとに手分けして集金し、それぞれを布小袋に入れて事務所に集めていた。前夜これを専務が甚吉袋(酒の一升ビンを二本入れられるような厚手の布袋)に入れて、自宅に持ち帰っていたのだが、焼け跡から発見された甚吉袋には、あるはずの布小袋が三個紛失していた。そのうちの二個は、裏木戸を出た線路わきに落ちているのが発見されたが、あと一個は見つからなかった。集金状況を調べた結果、そのなかには八万円あまりの現金が入っていたことがわかっている。

現場検証の結果、家の中庭の食堂わきに従業員用の雨合羽が遺留されていて、そのポケットにはくり小刀の鞘があった。その

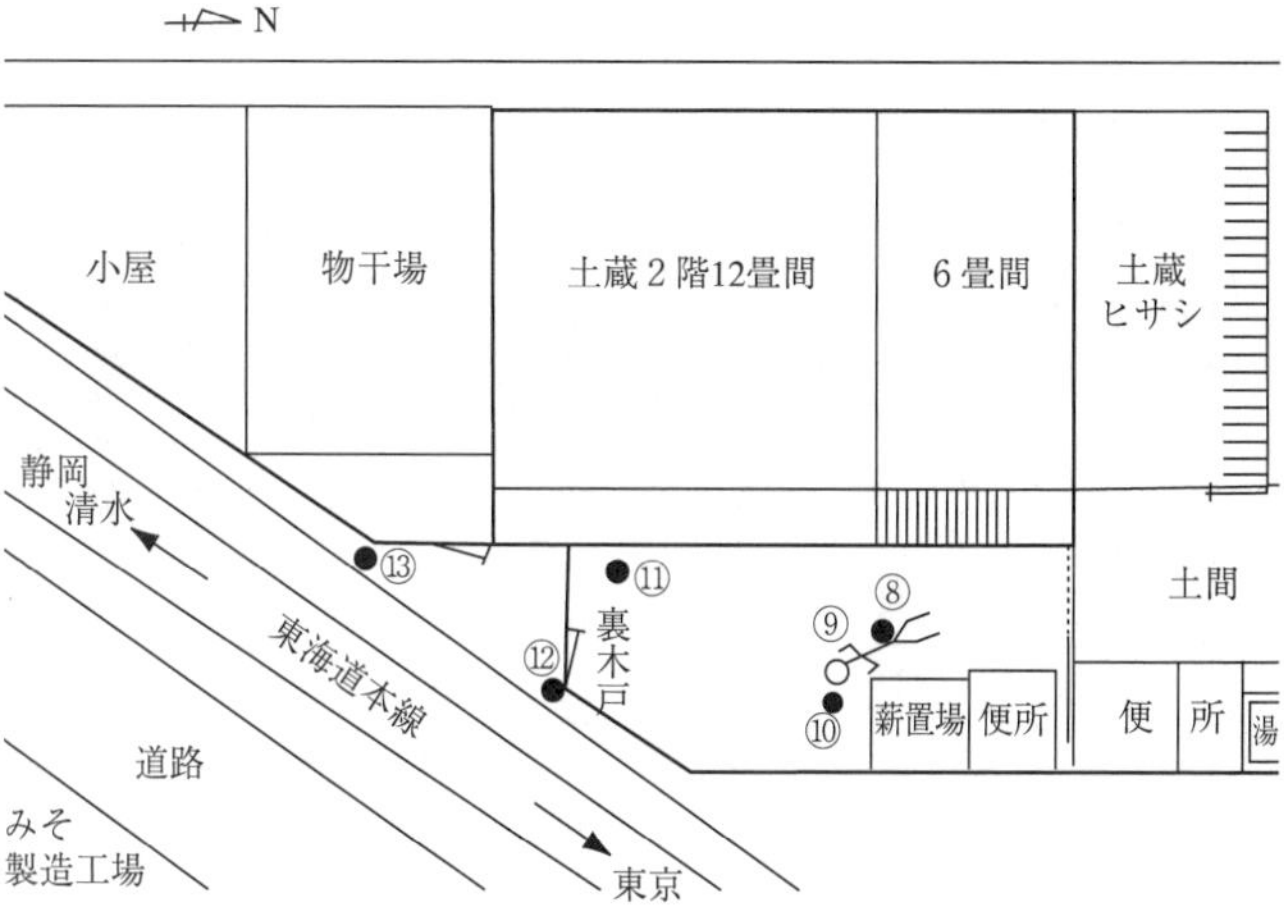

現場見取り図・屋内の状況（袴

鞘に合うと見られるくり小刀の本体は、柄の部分が焼失したかたちで、Ｆさんの死体の足元に落ちていた。雨合羽はふだん工場内に吊していたものであること、また盗まれたと思われる布小袋二個が裏木戸の外に落ちていたことから、工場の従業員の犯行である可能性が高いとの見方が当初から強く打ち出された。

ただ、それはあくまで憶測のレベルの話であり、またのちに袴田さんが被疑者になっていく過程で強調されたことであって、実際には表口から入った第三者の犯行の可能性も否定できない。いやじっさい、事件の前夜遅く、この家に来客があったらしき痕跡もあって、事件との関係が疑われた。それに専務は取引先との付き合いなどで清水市内、静岡市内のバーやキャバレー、飲食店への出入りが激しく、この観点から警察が調べた店の数は六十数軒におよんだという。そればかりではない。専務の女性関係のうわさも高く、何かと人間関係が複雑であったことをうかがわせる形跡があった。しかしその後、袴田さんの逮捕とともに、そうした状況はすべて背後に沈められていくことになる。

容疑

袴田巖さんは当時三〇歳。事件の一年半ほど前から、この味噌製造工場の工員として働いていた。元プロボクサーで、一時はフェザー級日本六位にまで進んだのだが、目と足の故障から引退。その後いくつかの仕事を転々としているあいだに、ボクサー時代に知りあった女性と結婚、男の子をもうけていた。ところが、その子がまだ一歳にもならないときに彼女が家出したため、袴田さんは子どもを浜北市の実家の母親に預けざるをえなくなった。事件の起こった当時、彼は味噌工場の二階に住み込みで働きながら、実家に養育費一万円を送金し、ときどき子どもを見に帰るという生活を送っていた。

袴田さんが住み込んでいた工場は、東海道本線の線路をはさんで専務宅の向かい側にあって、袴田さんをはじめ四人の住み込み工員は、朝晩の食事のときなど、この線路をわたって専務宅を行き来していた。初動捜査の時点で工場関係者が疑われることになったとき、なによりこの住み込み工員がターゲットとなった。

住み込み工員の四人は、二部屋に二人ずつの相部屋。ところが事件の日は、運悪く袴田さんと同室の工員がたまたま別の用事で社長(専務の実父)宅に泊まり込みで出かけていた。火事だとの声に、別室の二人は一緒に飛び出したのだが、そのとき袴田さんは一人で、消火に飛び出したことを証明してくれる人がいなかった。

また警察の捜査がはじまったとき、袴田さんは左手中指に怪我をしていた。この怪我について彼は、消火のために屋根に上ったさい、足をすべらして落ち、そのときに何かで切ったのだろうという。その説明もごく自然なのだが、なにしろ火事場の混乱のなかでのこと、これを裏づけてくれるものがいない。これも容疑をかけられる理由の一つとなった。

それに殺された四人のうち三人は室内で死んでいたが、専務だけは裏木戸のすぐ近くで倒れていた。おそらくそこで格闘があって殺されたものと思われた。専務は柔道の得意ながっしりした男性だったこともあって、やりあって倒せる犯人はよほど強い男ではないかとの憶測があった。その点でも元プロボクサーの袴田さんが注目されたらしい。

事件から五日目の七月四日、袴田さんは、警察から有力容疑者として呼び出され、事情聴取を受けている。と同時に、彼の自室も家宅捜索された。その日の夕刊には「従業員「H」浮かぶ／血ぞめのシャツを発見」(毎日新聞)とのニュースがトップ記事を飾った。

血ぞめのシャツを発見したというこの記事が正しければ、警察はただちに袴田さんを逮捕したはずだが、実際には逮捕に踏み切ることはできなかった。「血ぞめのシャツ」という話はとんでもない誤報で、のちにあきらかになったところによると、このとき警察が押収したのは袴田さんのパジャマ。しかも捜査記録によると、そのパジャマには「肉眼的には血痕らしきものの付着は認めることができなかった」という。袴田さんは七月四日の夜遅く、事情聴取から解放され、翌日の新聞は「捜査は白紙に戻された」と報じている。

逮捕と取調べ

その後、鑑識ではパジャマからルミノール反応をえて、血液鑑定を行ったところ、袴田さんの血液型B型とは異なるAB型、A型の血痕が確認され、またパジャマの袖口などから油質を検出し、それが死体周辺から検出された混合油と同種のものであることがあきらかになったという。しかしこれらの血と油はきわめて微量のものでしかなく、結局その後の再鑑定は不可能で、もとの鑑識結果そのものを追試することはできなかった。

このように証拠には幾多の疑問があったにもかかわらず、袴田さんは事件からちょうど四九日後の八月一八日に逮捕される。逮捕の最大の理由は、結局、パジャマについていたとされる血であった。しかしこれが決定的な証拠だというのなら、少なくとも七月段階には逮捕してしかるべきであった。それができなかったということは、このパジャマの血の証明力そのものが十分でなかったことを物語っている。むしろこれを理由にして、ともかく逮捕して、あとは本人からの自白にかけようと考えた可能性が高い。じっさい、県警はその捜査記録のなかで「本件は被告人の自供を得なければ真相把握が困難な事件であった」とみずから認めている。

それだけに袴田さんへの取調べは執拗だった。八月一八日から自白に落ちる九月六日まで、一日も休みはなく、しかも取調べ時間が一二時間を越えた日が、二〇日のうち一三日もあって、最高は一日一六時間二〇分におよんでいる。その間の弁護人接見は三回、合計でも三七分にしかならない。こうした取調べ状況に対して、第一審の判決（のちに確定判決となる）は、「外部と遮断された密室での取調べ自体のもつ雰囲気の特殊性をもあわせ考慮すると、被告人の自由な意思決定に対して強制的・威圧的な影響を与える性質のものであるといわざるをえない」と認めている。

さきの捜査記録によれば、「自信をもった取調べと情理を尽くした説得取調べ」を重ね、「人間対人間という間柄において取調べをすすめ、ともに泣き、ともに笑うという雰囲気で取調べていった」というのだが、これがどれほど被疑者当人にとって厳しいことかは、仁保事件の岡部さんの取調べを思い浮かべれば容易にわかる。しかし袴田さんは耐えた。捜査記録には次のようなくだりがある（静岡県警察本部の捜査記録、一九六八年による）。

（最初の）勾留期限の切れる前日の八月二九日から、それまでの取調官を四名から六名に増加して取調べにあたった。八月二九日静岡市内の本県警寮芙蓉荘において本部長、刑事部長、捜一、鑑識両課長をはじめ清水署長、刑事課長、取調官による検討会を開催し、取調官から取調の経過を報告させ、今後の対策を検討した結果、袴田の取調べは情理だけでは自供に追込むことは困難であるから取調官は確固たる信念を持って、犯人は袴田以外にはない、犯人は袴田に絶対間違いないということを強く袴田に印象づけることにつとめる。

袴田さんの無実の可能性を一顧だにせず、文字通り「犯人は袴田以外にいない、犯人は袴田に絶対間違いない」との信念のもとに、断固として自白を要求したのである。

袴田さんはこの断固たる取調べに連日さらされて、最大勾留期限三日前の九月六日の朝、自白に落ちる。捜査記録には「さしもの袴田も、おえつしながら」自供したと記されているのだが、はたしてそれは真犯人の自白であったのだろうか。

2　自白調書を読む――(1)うそ分析(変遷分析)

四五通の自白調書

さて問題はここからである。袴田さんは九月六日の一通目の自白調書から一〇月一三日の最終調書まで、実に四五通もの調書をとられている。

しかし死刑判決を下した第一審が証拠として採用したのは、このうちの一通だけであった。その理由はこうだ。まず前述したように、取調べ状況から警察官調書二八通については任意性を認めがたいとして、証拠から排除した。一方、検察官調書については、取調べに際して「警察の調べに対して述べたことにはこだわらなくてもいい」と注意して、警察での取調べの影響を遮断したし、また検察官自身が強制的・威圧的な取調べをした事実はない。それゆえその任意性は認められるとした。ただ本件の場合、起訴前に聴取した検察官調書は、起訴手続き当日の九月九日の一通のみであった。つまりそれ以降の一六通は法的には被告人の身分である袴田さんを取調べたものであった。その点で適正手続きに反するとして、裁判所はこれもまた証拠から排除したのである。

このようにして自白調書を証拠から排除した法律判断はある意味で画期的なものであったが、

結果として四五通の自白調書のうち四四通を排除し、九月九日の検察官調書一通だけを証拠として採用したことで、袴田さんの自白の心理学的な意味が、逆に完全に隠されてしまった。じっさい四五通の自白調書を読み通してみれば、それはおどろくほどの変遷、矛盾に満ちている。とりわけ自白がはじまった九月六日、七日、八日、九日は、まるで日替わりで、犯行筋書そのものが大きく変転している。ところがそのなかから九日の自白調書だけを採用して、その他の調書を排除すれば、その変遷や矛盾のいっさいが隠れてしまう。

取調べ手続きに問題のある調書を証拠として採用してはならないというのは、裁判では大事な原則である。しかし、ここで「証拠として採用してはならない」というとき、それは「有罪証拠として採用してはならない」という趣旨であることに注意しておく必要がある。たとえ違法な手続きのもとにとられた調書であっても、取調べのなかで取調官と被疑者とがやりとりした結果ではある。袴田さんが無実ならば、その徴候が調書のなかに刻みこまれていてもおかしくない。記録された調書を徹底して読むことの意味はそこにある。

初期自白の変遷とうそ

そういう目で、四五通の供述調書、とりわけ自白初期の供述の変遷に注目してみよう。

まず予備作業として、警察官調書、検察官調書の区別なく、四五通の調書をすべて時間順にならべてみる。そのうえで犯行筋書の要素ごとに、各調書でそれがどう供述されているかをプロットすると、どの供述要素がどの時期にどのように変遷したかが一目でわかる供述変遷一覧表ができる。これを最終的に絞りこんだところで、問題になる九月六日から九日までの初期自白の変遷点のみを要約したのが次ページの表である。

表の最上段には、第一審判決が認定した犯行の流れを対照として掲げている。その犯行の流れを、順を追ってあらかじめ説明しておこう。

〈動機〉　実家に預けている子どもと母親と一緒に暮らしたいと思っていて、そのためのアパートを借りるのに五万円くらいのお金が必要だった。その金を盗ろうと思って、深夜一時ごろ専務宅に忍びこむことにした。

〈凶器〉　用心のために、自室の部屋のタンスに入れていたくり小刀をもっていくことにした。このくり小刀は三月末から四月はじめに沼津の刃物店で買ったものである。

〈着衣〉　服装はブリーフ、ステテコ、半袖シャツ、黒色ズボン、スポーツシャツの五点の衣類である(これは後述するように、自白にはなく、裁判中に味噌タンクからあらたに発見されたものである)。そのうえに従業員用の雨合羽を着た。

〈侵入法〉　裏木戸横の木から屋根伝いに侵入し、水道の鉄管を伝って中庭に下りた。

〈屋内の移動〉　勉強部屋の戸が開いていたので、そこから食堂に入り、土間へ出て、様子を

	動機	凶器	着衣	侵入法	屋内の移動
確定判決の認定	実母と子と暮らすアパートを借りるための金が欲しくて、盗みに入った	三月末~四月初めに沼津で買って 自室のタンスの中に入れていた	五点の衣類を着て上に雨合羽	屋根から中庭へ	勉強部屋から食堂、土間へ、覗いて いったん中庭に戻る 小刀を鞘から抜き 勉強部屋から再侵入
九月六日 松本調書 同日 岩本調書	専務の奥さんとの関係で放火・強盗に見せかけることを頼まれて	三日前に奥さんに貰った↓沼津で買って奥さんに預け直前に奥さんからもらった	パジャマを着て上に雨合羽	裏木戸を奥さんが開けてくれて油を持って入る	中庭で 小刀を鞘から抜き勉強部屋から侵入
七日 岩本調書	専務の奥さんとの関係がばれそうで、話をつけに行こうとして	二月末~三月初めに沼津で買って 食堂の引出しに入れていた	パジャマを着て上に雨合羽	屋根から中庭へ	勉強部屋から食堂、土間へ、覗いて いったん中庭に戻る 小刀を鞘から抜き 勉強部屋から再侵入
八・九日 岩本調書 九日 吉村調書	実母と子と暮らすアパートを借りるための金が欲しくて、盗みに入った	三月末~四月初めに沼津で買って 自室のタンスの中に入れていた	パジャマを着て上に雨合羽	屋根から中庭へ	六日の筋書に戻る ← 七日の筋書にまた戻る

殺害の順序	金の入手	着替え	油かけ	放火
専務Hさんと格闘、刺す ついでFさん M君 最後に奥さんを刺す	奥さんを刺す前に奥さんが金袋を投げてよこしたのを盗った	工場に戻り、五点の衣類をパジャマに着替え、油を持ちこむ	専務Hさん M君 奥さん Fさん　の順に	M君 奥さん Fさん 専務Hさん　の順に
専務Hさんと格闘、刺す　ついで奥さん あと覚えず ← 奥さん・M君 最後にFさん	四人の殺害前に土間の机の上から盗った	工場に戻らず 着替えなし	専務Hさん 奥さん M君 Fさん　の順に	奥さん M君 Fさん 専務Hさん　の順に
専務Hさんと格闘、刺す ついでFさん M君 最後に奥さんを刺す	奥さんを刺す前に奥さんが甚吉袋を投げてよこしたのを盗った	工場に戻り 油を持ちこむ 着替えなし	専務Hさん Fさん M君 奥さん　の順に	奥さん M君 Fさん 専務Hさん　の順に
専務Hさんと格闘、刺す ついでFさん M君 最後に奥さんを刺す	奥さんを刺す前に奥さんが金袋を投げてよこしたのを盗った	工場に戻り 油を持ちこむ 着替えなし	専務Hさん M君 奥さん Fさん　の順に	M君 奥さん Fさん 専務Hさん　の順に

うかがってから、いったん中庭に引き返し、そこで雨合羽を脱いで、くり小刀の鞘を抜き、勉強部屋から再度室内に入り、土間で物色していたところ、専務が気づいて起きてきたので、土間から裏木戸のほうへ逃げた。

〈殺害の順序〉 裏木戸は閉まっていてそこで追い詰められ、専務と格闘になって、持っていたくり小刀で刺し殺してしまった。左手中指の怪我はそのときのものである。専務を刺し殺したところを、専務の奥さんに目撃されたので、奥さんを追いかけたところ、部屋のほうに逃げこんだ。あとを追っていくと、仏壇の間に次女のFさんが出てきたので、Fさんを追い、倒れたところを滅多突きにした。さらに奥の寝室に入ったところ長男のM君が迫ってきたので、M君も刺し殺した。最後に寝室に追い詰められた奥さんを刺した。

〈金の入手〉 奥さんを刺す前に、奥さんがこれを持っていってちょうだいと言って、布小袋を三個投げてよこしたので、それをひっつかんで逃げ、裏木戸の下の止め金だけを外してそこから抜け出し、線路をわたって工場に戻った。

〈着替え〉 自室で五点の衣類を脱ぎ、パジャマに着替えた。

〈油かけ〉 そのうえで、いっそ火を放ってわからなくしようと思い、工場内の混合油をポリバケツに入れて、線路をわたり、裏木戸から再度屋敷内に侵入、裏木戸のそばで倒れていた専務、奥寝室のM君、奥さん、次いで仏壇の間とピアノの間のあいだに倒れていたFさんの順で油をかけた。

〈放火〉　それからM君、奥さん、Fさん、専務の順にマッチで火をつけ、そのまま裏木戸をくぐって工場に逃げ帰った。

確定判決の認定はこのようなものである。これが正しいとすれば、袴田さんはこの犯行の流れを体験記憶として脳裏に刻んでいたことになる。ところが彼が九月六日に自白に落ちたときに語った犯行筋書は、これとはずいぶんかけ離れている。そのことを一〇点にまとめて、表の二段目に表している。この最初の犯行筋書も翌七日の調書(三段目)では大きく変動し、さらに翌八日と九日に再度大きく変遷して、ここで確定判決にもっとも近いものとなる(四段目、吉村調書は唯一証拠採用された検察官調書)。ただしそこにもなお食い違いはある。このような初期の自白の大変遷をどのように理解すればいいのだろうか。そこには二つの可能性がある。

一つは、真犯人が追い詰められて、やむなく自分のやったことだと認め、そのうえでなお最初は不都合な部分を偽っていたが、やがてそのうそもばれて、徐々に真実に近づいていったという可能性、そしてもう一つは無実の人が苦しくなって、やむなく犯人に扮してうその自白をしたものの、いろいろ辻褄《つじつま》が合わなくて、それを修正していったという可能性である。

まず前者の可能性を前提に考えてみる。そこでは、袴田さんは確定判決の認定した通りに犯行を行い、その犯行体験の記憶を脳裏に刻んでいながら、全面自白に転落したのち、九月六日、七日段階でその記憶を偽って大量のうそをつき、八日、九日段階でもなおいくつかのうそを引きずっていたことになる(表中、影をつけた部分が、確定判決を真としたときうそとなる供述要素である)。はたしてこれらのうそを人間の心理として自然なものと理解できるかどうか。自白変遷のなかに見られるうそに着目してそれを分析する手法を、私は変遷分析ないしうそ分析と名づけてきた。

うそ分析

一例を動機の自白にとってみる。確定判決の認定によれば、袴田さんは「母と子と暮らすアパートを借りるための金が欲しくて」盗みに入って、結果的にこのような大事件を起こしてしまうことになったという話になっている。

しかしここには簡単にクリアできない問題がある。第一にこの動機自身が、袴田さんの生活状況からして考えにくい。なるほど事件当時一歳八ヵ月だった息子は可愛いさかりで、休みの日にはお土産を下げて実家に帰るのが袴田さんの唯一の楽しみだった。そしてその面倒をみてくれていたのが母親であったこともまちがいない。しかし実家には脳卒中で寝たきりになった父親がいて、母親が介護していたこともあり、その父親をおいて母親が実家を離れ、袴田さんと息子の三人でアパート暮らしをするなどというのは、およそ考えられないことだった。またそのようなことが実家と袴田さんとのあいだで話されたことは一度もなかった。この確定の動機自体がうそである可能性が高いのである。

そのうえで、いちおうこの動機を正しいとして、初期自白での動機変遷を考えてみる。すると、袴田さんは「母と子と暮らすアパートを借りるための金が欲しくて」という動機で犯行におよび、その記憶を脳裏にもったうえで、六日には「奥さんとの関係で放火・強盗に見せかけることを頼まれて」と語り、七日には「奥さんとの関係がばれそうになり話をつけに行こうとして」と語り、そうして最後に八日になってようやく本当のことを語ったということになる。しかしいったい何のためにそのようなうそをつく必要があったのだろうか。

袴田さんは自白初日から一家四人を殺害し、放火し、金を奪って逃げたことをすべて認めている。内容的には全面自白である。袴田さんが真犯人だとして、そこでなお犯行筋書のなかにうそを混じえる理由がみえない。犯行そのものは認めても、なお動機だけは知られたくないというケースももちろんありうる。しかし、ここでの「母と子と暮らすアパートを借りるための金が欲しくて」という、きわめて庶民的で、誰もが同情するような動機を隠す理由がどこにあろうか。ましてその庶民的な理由を隠して、専務の奥さんと関係があって云々という、不倫がらみの動機を代わりに立てたというのである。これはおよそ信じられる話ではない。

しかもそれは動機についてだけではない。凶器の入手のしかたもその置き場所も、犯行時の着衣も、屋敷への侵入経路も、屋内の移動経路も、四人の殺害順序も、お金の入手のしかたも、油をかけた順序も、火を放った順序も、犯行筋書の中心となる一切合財が、最初の自白では確定判決と異なっている。全面自白後にどうしてこのようなうそを、また大量につかなければならなかったのであろうか。

ここで第三章の仁保事件でみた岡部さんの、あの自白転落後のとまどいの姿が浮かぶ。取調べの圧力に耐えられず「私がやりました」と言ったものの、現場の状況がわからなくて、犯人になって語ろうにも語れない。被害者宅へどこからどう入ったという単純な話ですらしどろもどろ、あちこちで破綻をきたしてしまう。それらしい自白調書ができるまでに一〇日あまりを要した。岡部さんのその姿が、主人公をかえてここでも彷彿《ほうふつ》としてくる。

ただ袴田さんの場合、事件の現場もその事件の内容もよくわかっていた。専務宅の様子は、朝夕食事のために屋内の食堂に行くのでよく知っていたし、事件そのものは消火活動にあたった体験からよくわかっていた。新聞やラジオ・テレビのニュースも見ている。岡部さんとちがって、「犯人になって」それなりの物語を作るのは難しくない。それでも自分が想像で思い描いた犯行物語が、一度で現場の検証結果や証拠物の状況と合致するのは、やはり不可能である。そうみれば、袴田さんのこの激しい自白変遷も理解できる。ここに「無実の人が苦しくなって、やむなく犯人に扮して自白したものの、いろいろ辻褄が合わなくて、それを修正していった」

という第二の可能性がはっきり浮かび上がってくる。

着衣のうそ

袴田さんの自白のうそを分析するうえで、もう一つどうしても触れておかなければならない点がある。それは犯行時の着衣についてである。

前述したように袴田さんは、自室から押収されたパジャマに、肉眼ではわからないが人血がついているとされ、それが袴田さん本人の血液型とは異なるということを最大の容疑理由として逮捕された。逮捕後もこのパジャマの血のことで責め立てられ、結局はこれを説明しきれずに自白したのである。そして自白した犯行筋書のなかでも、犯行時の着衣はこのパジャマで一貫していた。それゆえ検察が展開した冒頭陳述でも、当然にして犯行のあいだはずっとパジャマを着ていたことになっていた。

ところが裁判がはじまって約一〇ヵ月がたった一九六七年八月三一日のこと、味噌製造工場の味噌タンクの底から麻袋に入った五点の衣類（ステテコ、半袖シャツ、スポーツシャツ、ズボン、ブリーフ）が発見された。それらの衣類はいずれも多量の血液が付着していた。このことで検察は大あわてで冒頭陳述を書き替え、犯行時にはこの五点の衣類を着ていたものとしたのである。そして判決もこれを認容して有罪判決を下した。

しかしこの五点の衣類そのものに問題がある。一つには、この五点の衣類を着て犯行を行ったのだとして、血液の付着状況がきわめて不自然なのである。ステテコに血液が付いているのに、その上に重ねていたはずのズボンに血液が付いていなかったりする。またズボンのサイズが袴田さんと合わない。実際に袴田さんがはいてみたところ、細すぎて太ももでとまって、入らなかった。検察はこの点を、味噌タンクに長く浸けられていたのでズボンが縮んだのだとか、袴田さんが事件後一年あまりで太ったのだとか主張したのだが、それはただの主張にとどまるもので、裏づけはない。

この点はさておいても、自白そのものの問題は大きい。さきの表で着衣のところを見ればわかるように、自白ではいずれも最初から最後までパジャマを着て犯行を行ったと述べている。とすれば、確定判決の認定が正しいかぎり、この自白はうそとしかいいようがない。しかし彼はなぜそのようなうそをつかなければならなかったのだろうか。この点について判決は次のように説明している。

右供述の当時、未だ前記着衣(五点の衣類のこと)が発見されず、パジャマだけであったため、まず検察官が、被告人は犯行(殺傷)の際にパジャマを着用していたものだという推測のもとに、被告人に対してパジャマの血液等についての説明を求めたため被告人は、前記の着衣が未だ発見されていないのを幸いに、検察官の推測に便乗したような形で、右のような供述をするに至ったものと認められる。

本当の犯行着衣が「発見されていないのを幸いに、検察官の推測に便乗した」というのである。これは被疑者の心理として自然なものであろうか。

袴田さんは逮捕以来、このパジャマの血液付着についてずっと問い詰められていた。自白に落ちたのも、取調官から「パジャマの血」の説明を求められ、「ちゃんとはっきりすべきではないか」、「はっきりするのが人の道ではないか」とくりかえし追及されて、その答えに窮したことが直接のきっかけであったという。そうだとするとおかしなことになる。

袴田さんが真犯人で、犯行時にはこの五点の衣類を着て、犯行後これを処分したのだとすれば、突きつけられてもっとも困るのは、血だらけのこの五点の犯行着衣である。それに比して、パジャマの血のほうはたとえ付いていたとしても、肉眼ではよくわからない程度のものでしかない。そのパジャマに血が付いていると言って責められた。真犯人にしてみれば、それは捜査側がまだ問題の犯行着衣を見つけていない証拠である。そういう状況で、「(本当の)着衣が未だ発見されていないのを幸いに、検察官(捜査官)の推測に便乗し」て、パジャマを着て犯行を行ったことにしたなどということになるかどうか。くりかえすが袴田さんはパジャマの血の説明に窮して自白に落ちたのである。もし彼が真犯人であるとすれば、お門違いの証拠を突きつけられて自白をしたことになる。文字通りの意味で「着衣が未だ発見されていないのを幸いに……」というのなら、「だから否認した」となるはずの文脈である。こうして見ると犯行着衣のうそもまた、真犯人のうそとして理解することは難しい。

人はしばしばうそをつく。しかし、いかなるうそであれ、そこにはそれなりに理由がある。その理由の有無を分析し、それを真犯人のうそとして整合的に理解できるか、それともそこに無実の人間の必死の想像の産物をみるしかないのかを検討することで、自白が真のものであるか偽のものであるかを、かなりの程度合理的に判別することができる。このうそ分析の視点からみて、袴田さんの自白はおよそ真犯人の自白とはいいがたい。

3　自白調書を読む――(2)「無知の暴露」の存在

無知の暴露

真犯人が自己の体験記憶を正直に語った自白のなかには、それによってはじめてあきらかになるような何かが含まれる。いわゆる秘密の暴露である。逆に、無実の人が悩みに悩んでみずから「犯人になって」想像で語った自白には、その自白内容自体のなかに、その当人が事件のことを知らないという徴候が現れる。それは非体験者の想像の限界を露呈した結果である。これを秘密の暴露との対比で、私はさきに無知の暴露と名づけてきた。

実際に体験をしていないにもかかわらず、あたかもそれを体験したかのように語らなければならなくなって、想像で言ってはみるのだが、それがあきらかに客観的な事実と食い違う。その食い違いが体験者のまちがいとか意識的なうそとして理解できる範囲であれば別だが、およそまちがいようのないことで、しかも体験事実の本体からみて、うそをつかなければならない理由がみえないとき、それは無知の暴露といってよい。

取調べの場面を録音テープに収めていれば、無実の人の自白にはこの無知の暴露が、それこそ無数に出てくる。第三章の仁保事件の岡部さんが被害者宅の入りと出について自白しようとした場面を思い浮かべてもらえばよい。現実を知らない彼は想像でいろいろ言うのだが、現場の様子と食い違うために、取調官から「何でちんぷんかんぷん分からんようなことを言い出すの」とたしなめられている（一三八頁参照）。凶器についても彼はでたらめに思いつくかぎりを言って、取調官の顰蹙《ひんしゅく》をかっている。しかし調書にとられる段階になれば、取調官のチェックが働くために、そこに無知の暴露が現れることは少ない。

ただし取調官のチェックにも限界はある。また取調官は自白した被疑者をやはり真犯人と思いこんでいるので、自白はいちおう尊重して、おかしいと思ってもそのまま記録することもある。結果としてそこに無知の暴露が残る。宇和島事件のAさんについてもその一例をみたが(四六頁参照)、袴田さんの自白にもいくつかの典型例をみることができる。

ここでは袴田さんの自白から例を二つ取り上げる。

金の盗り方——「甚吉袋」供述

この事件では殺人・放火とともに、現場から金が盗まれていた。それゆえ犯人がその金をいつどこからどう盗ったかが問題になった。しかし無実の人間は、当然、このことをみずからの体験として知らないし、この点については新聞でも報道されていない。他方、真犯人ならばそのことを明確に知っているはずで、まちがうことは考えられないし、殺人も放火も、それに金を盗ったことも認めたうえで、真犯人が金の盗り方についてうそをいうことは、よほどの事情がないかぎりありえない。ところが袴田さんの自白には、この金の盗り方についてあきらかに客観的事実に反する供述が含まれている。ここには「無知の暴露」たる条件がそろっている。

本件で盗られた金は、証拠上、被害者である専務が寝るときに夜具入れにしまっておいた甚吉袋のなかの布小袋の金でなければならなかった。事件後の現場検証の結果、夜具入れから口の部分が開いたまま少し焼け焦げた甚吉袋が発見され、その甚吉袋のなかにあるはずの布小袋九個のうち三個がなくなっていて、その三個のうちの二個は現場の裏木戸の外に落ちていた。

これは客観的事実である。この事実から捜査官が想定できた犯行筋書は、犯人が何らかのかたちで甚吉袋のなかの布小袋三個を盗り、そのうち二個を裏木戸の外で落としたというものであった。そして現にそういう筋書の自白が九月八日以降になされていく(一六六―一六七頁の表参照)。

ところが問題はその前日、九月七日に警察官に対して袴田さんが行った自白の調書である。そこには甚吉袋のなかの布小袋ではなく、甚吉袋そのものを奪って逃げたことになっている。

(M君をかやの上で刺したあと)そのかやの外側に姉さん(専務の奥さんのこと)が立っていて倒れたM君の方に来て私に「これを持ってって」と言って甚吉袋一ケを投げてよこしました。……(奥さんを刺して倒したあと)それで私は、姉さんが投げてよこした甚吉袋を持ってそのまま逃げてしまおうと思い、甚吉を拾ったのです。甚吉袋というのは会社の売上金とか集金した金を毎日専務が、甚吉に入れて店に持帰り、朝会社に持って出勤してくるのを時々見て知っていました。

調書はその後さらに、「甚吉袋」を持ったまま油を取りにいき、被害者に油をかけ、火をつけ、最後に「甚吉袋」から金を取り出したと供述している。また調書にはっきり「甚吉袋」とわかる絵を描いて、これを添付している。

ところが客観的証拠たる甚吉袋は、現場検証の結果、焼け残った夜具入れのいつも置いていた場所から発見されている。袴田さんの自白調書の記載と、この客観的証拠との食い違いをどう説明できるだろうか。真犯人がこのような歴然たる事実をまちがうことはありえない。金を奪った瞬間だけの話ではなく、奥さんが投げてよこしたのを奪い、手に持って逃げ、油をかけ火をつけるときにもずっと手に持っていて、最後そこに手を突っこんで金を奪うという一連の長い流れの話である。これを「三個の白い布小袋」とまちがったとはいえない。

しかも調書の最後には、「それから甚吉袋についても、私自身どうもはっきりしないので、その点今夜よく考えておき改めて申上げたいと思います」と供述したことになっている。真犯人が本当に記憶が不確かで、自分のほうからあえてこういう断り書きを追加したものとは、とても思えない。

こうして見てきたとき、自白に落ちて殺人も放火も認めた二日目、お金を盗った状況を詳しく語らなければならなくなった袴田さんが、まさに「犯人になって」考えた結果として、いつも専務が下げていた金入れの袋、つまり甚吉袋を思い浮かべ、それを奪ったという筋書を語ることになった。不審に思った取調官が問い質《ただ》したにもかかわらず、袴田さんにはそうしたイメージしか思い描けなかったというのが真実であろう。犯行の実際を知らない袴田さんは、ここのところでその「無知」を暴露してしまったのである。

この「無知」による「まちがった供述」は、のちの調書で訂正され、客観的証拠と矛盾しないかたちに供述変更されていくが、九月七日その日の自白調書にはっきり録取された「無知」の証拠そのものは、もはや消し去ることはできない。

死体の位置

もう一つ例をあげる。本件のもっとも中心というべき殺害場面の話である。真犯人ならば、そこにこそ「秘密の暴露」的な供述が出てきてもよさそうなところなのに、それは皆無である。それどころか、真犯人なら知っているはずの情報が欠如している部分が目立つ。

たとえばFさんに対する殺傷場面の自白を取り上げる。確定判決が唯一証拠能力を認めた九月九日検察官調書は、次のようになっている。

（専務を刺してから、奥さんを追っていく）私はそのあと走って追いかけ応接間から仏壇のある部屋に上がったところ、左のピアノのある部屋からFさんが出て来たので、顔を見られた以上殺さなければ自分が犯人であることが分ってしまうと思い、飛びかかって胸を刺したところ、ピアノの部屋との境目辺りに仰向に倒れたので横からしゃがんで胸や首の辺りを何回もめちゃくちゃに突き刺しました。

この自白で注目すべき点は、倒れたFさんを刺したのが「仏壇のある部屋とピアノのある部屋との境目辺り」と明示されていることである。これは現場検証の際のFさんの死体の位置と正確に一致する（二五六頁の図参照）。またFさんの死体の刺し傷が「胸や首の辺り」であったことも死体検証の結果と一致する。もちろんこれは自白以前から取調官が把握していた情報であるから「秘密の暴露」にはあたらない。いやそれどころか、この現場検証結果との「一致」こそが、犯行の流れにおいて見ると、かえって問題となってくる。

第一に、Fさんは殺傷そのものによって死んだのではない。気管支にすすがあり、死体の血中から一酸化炭素が検出されたことからみて、火がつけられたときFさんはまだ息をしていた。また左胸腔内に一〇〇〇ccもの出血があったことから、刺されてから死ぬまでかなりの時間があり、そのあいだに起きあがる力もあったと認められる。このことは法医学者の証言によって確認されている。しかし捜査段階の取調官は袴田さんを取調べたとき、このことを十分に意識していなかったらしい。この法医学的事実に照らしてみれば、袴田さんがFさんを殺傷したと自白した位置と検証時の死体の位置とが一致することのほうがむしろおかしい。

じっさい、自白の筋書では、Fさんを殺傷した時点、油をかけた時点、さらに火をつけた時点のあいだに、それぞれ十数分から一〜二分の間隔がなければならない。ところが、そのつどのFさんの様子にはまったく触れられず、Fさんは刺されたその場で即死したかのように、そのまま油をかけられ、火をつけられ、死んでいったようになっている。しかしFさんが生きて火をつけられたとすれば、そのときの悶えようを犯人は忘れることができるだろうか。

第二に、さきの図には描かれていないが、Fさんの死体は、実は事件前まで上の壁にかかっていた額板の上にのっかっていた。そのことが自白ではいっさい触れられていない。自白どおりの位置で殺傷したというのなら、この額板がなぜFさんの下にあったのか。このことが説明されていない。

第三に、Fさんの寝ていた部屋(ピアノのある部屋)にはほぼ中央に布団が敷かれてあって、その布団に多量の血が付着していた。他方、死体の下の額板にはさほどの血の付着が記録されていない。このことはFさん殺傷の位置が、自白にいう「仏壇のある部屋とピアノのある部屋との境目辺り」ではなく、むしろFさんは布団の上で刺され、のちにその位置まで移動したことを強くうかがわせる。

このようにみてくると、袴田さんの自白は結局のところ、現場検証での死体位置と死体検死での殺傷部位しか考えていないことがわかる。それはまさに、真犯人が現実に犯行を行い、時間の流れの中でそのつどに体験したであろう事実について、まったく無知であったことを暴露するものである。

この種の「無知の暴露」はここだけにとどまらない。袴田さんは、四人殺しの犯行を全面自白したうえで、語らなければならない供述要素について、おおよそ客観的な状況を勘案した犯行筋書を語りはしたが、そのあちこちのディテールで無知をさらけ出してしまっているのである。取調べ時の被疑者の心性のありようから考えてみたとき、そこに犯人を演じようとして演じきれない無実の人の苦悩をみるのは、もはや難しいことではない。

4　自白調書を読む——(3)誘導分析

変遷のない供述、証拠に合致する供述

うそ分析、無知の暴露分析においては、自白の変遷、あるいは客観的な証拠との不一致に着目してきた。しかし他方で、自白調書には変遷のない供述、しかも客観的な証拠や他の供述証拠と合致する供述もたくさんある。もちろんそうした供述がたくさんあるからといって、それだけでその供述が真犯人のものである保証にはならない。

くりかえし見てきたように、無実の人でも自白に落ちたときには、自分が犯人になったつもりで、突きつけられている証拠状況にできるだけ合うように、いろいろ想像をめぐらして供述

していく。それゆえ、その想像のおよばないところで、矛盾や変遷をきたすことはあるにせよ、大半の供述が変遷せず一貫し、確認ずみの他の証拠と合致するのも当然の結果なのである。問題は、できあがった自白が、そのとき把握されていた証拠状況から誘導しうる範囲のものなのかどうかという点である。

そこでまず、袴田さんの四五通の供述調書を通じてほぼ一貫している供述要素を、箇条書き的に列挙してみる。そのうえで、このそれぞれの供述要素について、それが自白時に取調官が確認していた証拠状況から想定しうるものか、あるいはそれを越えた体験情報を含んでいるかを、一つひとつ洗って表にしてみた（次頁）。

まとめかたによってその個数は変わるが、ここでは一応、その供述要素を一五個にまとめている。そうしてみると、この一五個の供述要素のすべてが、自白以前、いや逮捕以前から警察において確認されていた証拠に対応することがわかる。さらにいえばその大半は、袴田さん自身が逮捕以前に知りえたものであった。一部に袴田さんが直接には知ることのできないものも含まれているが、それとても取調官には周知のことであって、少なくとも取調べのやりとりのなかで誘導可能な状況であったことはまちがいない。

〈一貫した供述要素〉	〈関連の捜査側入手情報〉
凶器はくり小刀である	↑ Fさんの死体のそばに、鞘も柄もないくり小刀が一個あり、死体の傷からこれが凶器と考えられていた
衣類の上には雨合羽を着た	↑ 中庭に従業員用の雨合羽が落ちていて、そのポケットにくり小刀の鞘が入っていた
侵入については裏の屋根から伝って、中庭に降りた	↑ 袴田さんが犯人なら裏から入ったはず。しかし裏木戸には鍵がかかっていたので、入るとすれば屋根伝い
家の中に入るのは勉強部屋からだった	↑ 現場検証の結果、勉強部屋の戸が少し開いていた
勉強部屋に入る前に、くり小刀の鞘を抜き、雨合羽を脱いだ	↑ 雨合羽は勉強部屋の前に落ちていて、そのポケットにくり小刀の鞘が入っていた
勉強部屋から食堂、土間へ出た	↑ 勉強部屋から入って、専務の死体のあった土間のほうに行くにはこのルートしかない
専務が起きてきて、追われ、裏木戸のところで取っ組みあい、刺す	↑ 専務の死体は裏木戸のすぐ近くに、仰向けになっていた
そのとき左手中指を切る	↑ 袴田さんは左手中指に切り傷があった

四人を刺した	↑四人にはたくさんの刺し傷があった
四人に油をかけ、火をつけた	↑四人の周囲には混合油が撒かれていた
裏木戸から出る	↑裏木戸の下の鍵が外れていた
工場の風呂場に行った	↑工場の風呂場の壁から血液が検出された
味噌樽の下に金を隠す	↑袴田さんの使った札から味噌の成分類似のものが検出された
消火活動に加わる	↑袴田さんは消火活動に参加していた
そのとき血が出てきたので、工場の手拭いでふき溝に捨てる	↑工場の溝から血のついた手拭いが発見された

確定した供述要素と犯行動機

袴田さんが自白に転落したとき、右の一五個の供述要素はすでに確認ずみのものとしてあった。ただ、その要素を一本の筋につなぐ犯行動機だけが問題だった。

一家四人を殺傷し放火したという大事件であるから、その動機はそれ相応のものでなければならない。捜査官としてはそう考えたはずである。現に、当初、単なる物盗りではなく、何らかの怨恨、痴情関係があったものとして初動捜査が進められたことは、記録上あきらかである。そこで袴田さんを犯人としてみたとき、「専務の奥さんと肉体関係があって……」という想定を描くことは、一つの自然な流れではあった。これがどこまで取調官の誘導によっていたか、あるいは袴田さん自身の想像によっていたかは不明だが、この想定に「家が古くなったので、建て替えるために、強盗に見せかけて放火するよう、奥さんから頼まれた」という話をつないだのが、最初の九月六日の動機であった。この動機によって、そこからあとの犯行要素の組立てが決まってくる。それが次のようなものだった。

凶器のくり小刀を奥さんからもらって、奥さんの開けてくれた裏木戸から油を持って入る(最初から放火するのが目的であるから)。服装は、パジャマの上に雨合羽。油を運び込んだうえでいったん外に出て、奥さんが裏木戸を閉め(でないと裏木戸の鍵がかかっていたことが説明できない)、自分は屋根に上り、そこを伝って中庭に降りる。それから小刀の鞘を抜き、雨合羽を脱いで、勉強部屋から食堂を通って土間に出る。土間の机にあったガマロと金袋を盗ったところへ、専務が起きてきて、裏木戸まで逃げるが追い詰められる。そこで取っ組み合いになって左手中指を切るが、専務を倒してめった突きにして殺す。その場を奥さんに見られていたので、追っかけていって室内で奥さんを刺し、M君を刺し、最後にFさんを刺した。先に持ち込んでいた油を被害者にかけ、火をつけて裏木戸から工場に逃げ帰り、風呂場に入って手を洗い、奪った金を味噌樽の下に隠し、パジャマを水につけて、部屋に戻った。

これは逮捕以前から想定しえた犯行要素に、ここで想定された動機をかけ合わせることで構成される筋書の一つであって、その範囲を越えたものはない。

ただよく考えてみると、そこには筋書として無理がある。実際、この筋書では奥さんと結託して犯行に及んだはずなのに、その奥さんに現場を見られたということで、追いかけて、刺し殺したことになっている。それにここでは詳述できないが、凶器とされたくり小刀について、警察は近隣の刃物店を洗い、沼津の店から袴田さんらしい人物が数ヵ月前にこのくり小刀を買ったとの目撃情報をえたことになっていたのだが、それがこの最初の自白調書とは合わない。その点でも取調官はこの自白に納得がいかなかったはずである。

第二、第三のストーリー

そこで翌七日には、さきの動機が取り下げられ、「奥さんとの肉体関係を専務に気づかれ、話をつけにいこうとした。もし首になるのなら金を脅しとろうと思った」という動機に入れ替えられる。ここで奥さんとの肉体関係の自白は維持したが、奥さんと結託したとの話は消える。そのことで自白の筋書は変更を余儀なくされる。凶器のくり小刀は、前に奥さんに頼まれて沼津で買って、それを専務宅の食堂の自分の引き出しに入れておいたことになる。それに今度は最初から放火するつもりはなかったことになるので、油は、殺害後あらためて放火を思い立ってから搬入したことになる。この変遷に応じて他の供述要素の位置づけも大きく変わってくる。

ところがこの二つめの犯行筋書もまた、全体的にみて不自然である。だいたい、奥さんとの関係がばれそうになって話をつけにいくという話自体は、ありえなくはないとしても、そのために深夜の一時すぎに起き出して出かけるというのは、あまりに無理がある。また専務宅に侵入して以降の筋書が、まるで強盗であって、およそ話をしにいくという流れにはなっていない。そもそも袴田さんと奥さんとのあいだに関係があったとの話自体が、ただの想像で、根も葉もないことだったのである。

そうして結局、最後に「奥さんとの関係」を取り下げて、純粋に金欲しさの犯行というところに落ち着くことになる。その結果として、凶器のくり小刀は、自分で買って、自室のタンスに入れていて、見つかったときの用心のためにこれを持って出たことになる。それ以降、専務に見つかって格闘になって刺し殺すことになった云々の部分は、基本的に前日と同様の流れとなる。

詳論はできないが、ここにこうして概観しただけでも、逮捕以前に想定しえた犯行要素から出発して、順次、三つの動機をそこにかけ合わせていけば、各時期の自白が構成され、その辻棲を合わせることで最終の犯行筋書(九月九日付検察官調書の自白)が誘導可能であることがわかる。犯行の実際を体験として知らない取調官と被疑者とが、それらしく犯行筋書を描く、その範囲内に袴田さんの自白変遷はおさまるのである。

以上、うそ分析、無知の暴露分析、誘導分析という三つの観点から供述分析を行った結果として、袴田さんの自白を真犯人のものとみることには、心理学的にあきらかに無理があるし、他方その自白変遷は無実の被疑者に十分可能な範囲におさまっていることが判明した。

この事件にはもちろん種々の物的証拠も提出されていて、本来はその議論も含めて、袴田さんの有罪—無罪は論じられなければならないのだが、心理学的な視点にかぎってみても、袴田さんの四五通の自白調書は、無実の人が「犯人になり」、取調官とのやりとりを通して、どうにかこうにか語りあげたうその自白であることを強く示唆している。

おわりに

ことばの世界は現実を離れ、現実を歪める

刑事事件でまちがった人に容疑がしぼられ、任意同行なり逮捕なりで、その人が取調べの場に引き出された場面を、あらためて思い描いてみよう。

狭い取調室に取調官が二人、そして被疑者が一人。その被疑者はまちがって連れてこられた無実の人である。しかし取調官はこの人に強い容疑を抱いている。そこで行われるのは対等な話し合いではない。取調官がその場を取りしきり、被疑者はその取調官によって自分の身柄さえ左右される。事情聴取はこの関係の落差のなかで行われる。

取調官が自分たちの抱いている容疑の度合を、手持ちの証拠に基づいて正確に把握し、一方に無実の可能性のあることを公平にみていれば、この落差のなかでも、むやみに無実の被疑者

をうその自白に落とすことはないかもしれない。しかしこの被疑者以外に犯人はいないという意気ごみで断固として取調べれば、それがたとえどれほど正義感に基づいたものであっても、やがて被疑者は耐えきれず自白に落ちる。いや、やたらと正義感にかられ、情理を尽くして調べようとすればするほど、その圧力は人を自白へと追い詰めていく。

それだけではない。自白に転落したあと、そこにはさらに奇妙な構図が生まれる。なにしろ無実の被疑者は犯行の現実を知らない。その無実の被疑者がいよいよせっぱつまって自白し、知るはずもない犯行のストーリーを語らなければならない立場に立たされている。そして取調官もまた、入手した証拠や現場状況は知り尽くしていても、犯行そのものを直接体験したわけではない。とすると犯行の実際を知らないものどうしが、取調べの場のなかで頭をつきあわせて、いったいどういう事件だったのかと、あれこれ詮議しているに等しい。しかし取調官は被疑者がその犯行の体験者であることを疑わず、他方で被疑者は自分が犯人でないと知りつつも（あるいは自分の記憶に自信を失って、ひょっとして犯人かもしれないと思いながら）、犯人としてその場を演じる以外にない。この取調官と被疑者のあいだに、犯行筋書が組み立てられていくのである。もちろん無実の被疑者は現実の犯行のことは知らないのだから、想像で語ってしばしばまちがう。しかし取調官はそれを無実のしるしとは見ず、あくまで真犯人のまちがいとして、取り繕い、修正を促して、それらしい犯行筋書へと導いていく。

宇和島事件、甲山事件、仁保事件、袴田事件とみてきたその取調べの外形を、個々の生々しさを一切はぶいて描けば、おおよそこういうことになる。うその自白の生まれてくる場は、これまでくりかえし用いた比喩でいえば、力の磁場である。この磁場にはめこまれたとき、人がことばで立てる世界はどれほどねじれ、歪んだ姿を生み出してしまうことか。それはおどろくばかりである。

物の証拠とことばの証拠

犯罪の証明には証拠が必要である。しかしその証拠と呼ばれるものが、どれほど人のことばによって歪められてしまうものか。それは冤罪事件に多少とも付き合ってみれば、誰もが痛感させられることの一つである。

物的な証拠は揺らぐことがない。しかし物的証拠だけで、犯罪行為の全容をくまなく描きだすことは不可能である。犯罪の結果として残された物証は、あちこちに点在するのみで、そこをつないで犯行の流れを描きだすのはやはり人のことばである。

たとえば袴田事件の一家四人殺しの現場には、くり小刀、雨合羽、集金したお金の入った布小袋、それを入れていた甚吉袋、下だけ止め金のはずれた裏木戸、四人それぞれの身体に残された殺傷の痕、死体周辺に撒かれた混合油、そして事件後一年あまりもあとで発見された五点の衣類……、数えきれないほどの物的証拠が残されているが、それだけで物語が立ち上がってくることはない。真にその物語を立ち上げることができるのは、もちろん真の犯行者のみである。ところがまちがって無実の人が引き立てられても、この力の磁場にはめこまれれば、似非《えせ》の物語がそこに、一見それと気がつかないかたちで、ほんとうらしく立ち上げられる。

いや現実の捜査のなかでは、人のことばによる解釈が、物証そのものを作り上げてしまうことすらある。たとえば袴田さんの「パジャマの血」は、人のことばによる詮索とは独立の、揺らぎのない純粋な物証だったのだろうか。静岡県警は袴田事件を「県警察の威信を大いに昂揚した事案」として取り上げ、そこでの血液鑑定の成功を捜査報告のなかで誇らしげに語っている。

そこにはこうある。「袴田はB型の非分泌型と認められたので、袴田の着衣よりB型以外の人血の付着を証明することに全力を注ぐこととした」。そして現に、肉眼的には血痕らしきものの付着が見られなかったパジャマから、大変な苦労を重ねて、被害者たちの血液と合致するA型とAB型の血液を検出することに成功したのだという。しかし、これでいいのであろうか。容疑者である袴田さんの血液型がB型だとわかったうえで、あらかじめそのB型以外の血液の付着を証明しようと考えて鑑定に臨むなどということは、ほんらいの鑑定の姿勢として許されるのであろうか。容疑がさきにあって、その証明のために鑑定するということになれば、そこには、ことばであらかじめ組み立てられた物語に、物証のほうを都合よく切りそろえる危険性がつきまとう。

それでもその鑑定結果を、のちに再検証できるのならよい。ところがこのパジャマの場合、最初の鑑定で鑑定資料の多くを使ったために、のちにこれをチェックできなかった。捜査記録には、血液型を確認するために、科学警察研究所に送って再鑑定の依頼を行ったが、判定は不可能だったと記されている。

冤罪にはしばしば鑑定問題がつきまとう。しかしそこでの問題は多くの場合、純粋な科学鑑定そのものではない。問題はむしろ、捜査が鑑識と一体になり、科学鑑定がことばによる物語の渦巻くなかに巻きこまれていることにある。鑑定機関が捜査機関から独立し、特定の容疑を抱いた捜査とは別に鑑定が行われるのでなければ、望むべき結論を念頭においたご都合主義の鑑定が出てくる危険性をまぬがれることはできない。

物証にしてそのような危険性がつきまとうとすれば、人証にはその危険性がさらに大きい。宇和島事件のB子さん、甲山事件の子どもたちの目撃証言はその典型であった。あるいは仁保事件でも岡部さんの逮捕後、警察の捜査がすすむなかで、事件のころ仁保周辺で岡部さんを見たという目撃者が何人か登場したし、袴田事件でも袴田さんにアリバイがないかのように証拠が作られていった可能性が小さくない。捜査を行う警察・検察が一定の容疑をしぼったとき、そこには周囲の人々をその容疑に引き寄せる渦が取り巻きはじめる。そうしてその容疑が固められて被疑者が逮捕され、取調べの場に引き出されたときには、その渦はもはや一人の力では抵抗できないほどの力になって被疑者をおそう。うその自白はこの磁場の嵐に翻弄された結果にほかならない。

捜査も裁判も人間の現象である

取調べの場で引き出された自白がもしうそであるのなら、裁判でそれはあばかれなければならない。しかし裁判においてすら、自白した以上は、よほどの事情がなければ犯人にまちがいなかろうと、簡単に有罪のことばで判決を塗り固めてしまうことが少なくない。もちろん、なかにはうその自白の状況を見破って、それまでことばの世界が生み出した歪みをみごとにただす判決もある。甲山事件の三度の無罪判決はいずれもそうであった。しかし一方で、検察がことばのうえで一見矛盾なく描いた物語を、ただなぞって追認しただけの判決もある。裁判官ですら、ときに被疑者、被告人を巻きこんだ渦から自由になれないのである。

袴田事件の自白について行った私の供述分析鑑定について、静岡地裁の再審請求棄却決定書は、「結局のところ、本鑑定書の内容は、本鑑定人からみると、請求人(袴田さん)の自白中の供述の変遷ないし嘘が、真実を知っている真犯人の供述の変遷ないし嘘としては理解しえないというものにすぎない」と評した。つまり鑑定人が、そのように主観的に評価しているにすぎないというのである。しかしそれならば、決定書の著者たる裁判官は、袴田さんの自白のうそを、どのようにして真犯人のものと理解できるというのだろうか。決定書には、その理由をいっさい説明していない。

うそには理由がある。その理由を真犯人のものとして理解できないとき、そこに無実の人の虚偽自白の可能性を疑うのが、本来の論理の筋というものではないのだろうか。

ことばはしばしば現実から遊離し、現実を裏切り、現実を歪める。それは捜査においても、裁判においてもそうである。そうしてことばは現実にはなかった物語をあたかも現実の物語であるかのように立ち上げることがある。しかしその遊離を引き戻し、裏切りを見破り、歪みをただすのも、また私たち人間のことばである。私たちが現実の裁判のなかでことばを尽くしてめざしてきたのは、まさにそのことであった。

もっと見える世界に

うその自白は犯罪の不幸を二重にも三重にもする。そこでは犯罪の直接の被害者だけでなく、もう一人、深刻な冤罪の被害者を生み出す。その悲惨はもはやくりかえして述べるまでもない。だからこそ、このうその自白を防ぎ、あるいはそれが生まれたときにはできるだけそれをチェックできるシステムがいま求められている。そのためには何がなされなければならないのか。いうべきことはたくさんある。しかしここでは自白の心理学的研究がなされるためにどうしても必要なことを一つだけ提言しておく。

目撃供述にせよ自白にせよ、そのことばが立ち上がってくる現場をおさえれば、整理して文字に記録されたことばにだまされるようなことはずっと少なくなる。仁保事件の録音テープはそのことを示唆する貴重な資料であった。これが全取調べ時間をおおうテープであれば、聞くものにはただちにうその自白であったことが読み取れたであろう。いや、そのごく一部を収めた三三巻のテープですら、変遷に満ち、無知の暴露の満載されたその生の記録からは、はっきりと無実のしるしが立ち上がってくるのをみることができた。

それればかりではない。逆に真犯人の全取調べ過程が録音テープに収められれば、そこには文字通りの意味での秘密の暴露を聞き取ることもできる。それは捜査側にとって強力な証拠になるはずである。適正な手続きで記録化が行われるならば、秘密の暴露があるかどうか、あるいは無知の暴露があるかどうかが、それを聞くものの主観的評価を越えて、誰の目にもあきらかになるからである。

取調べにおけることばのやりとりを、録音テープに記録して、あとでチェックできるようにするだけで、冤罪の過半は解消する。そう断言してよい。ところが日本の捜査当局は、この取調べ過程の可視化に対して、いまだにきわめて消極的である。イギリスでは冤罪発生の原因を究明し、その反省にもとづいてもう十数年も前に被疑者取調べのすべてを録音テープに収めることを制度として定めた。そしてその成果が十分に評価されている。日本でもそれは十分可能なことなのである。

日本の刑事捜査、刑事手続きのなかにはブラックボックスがあまりに多い。まずはこのブラックボックスにもっと光を入れるようにつとめること、そうして法の世界が私たちにもっと見える世界になったとき、はじめて法の現象がほんらいの意味で心理学の俎上にあがってくる。そしてうその自白の謎も解け、それを防止する道も開かれてくるはずである。

思えば刑事事件の捜査も裁判も人間の現象である。そして人間の現象である以上、それは心理学の対象であるはず。ところがこれまで心理学は、この法にかかわる人間現象から遠いところにいた。本書で取り組んできた自白の心理学についても、これに正面からアプローチした研究者は、日本では皆無に等しかった。他方、法の世界の側でも心理学への接近を避けてきた。法曹界の多くの人々にとって、心理学はただの主観の世界でしかなかったのかもしれない。しかしこの法と心理学のあいだの懸隔はいまなんらかのかたちで埋めなければならないものとしてある。

なるほど心理学は主観にかかわっているが、もとより主観的であっていいわけはない。心理学はやはり、大見得を切っていえば、主観にかかわる科学なのである。たしかに「主観にかかわる科学」というこの一見の矛盾を越えるだけの方法論を、私たちはまだ十分なかたちで手にしてはいないかもしれない。しかし法にかかわる人間現象が、心理学の大事な領域であることに、私たちはようやく気づきはじめている。そして、そこから広がる世界が従来の心理学の枠を越えるものになるかもしれないという期待をもちはじめてもいる。

二〇〇〇年秋、私たちは法と心理学会なる学会を立ち上げた。自白の心理学は今後、そこでの重要なテーマの一つになる予定である。

あとがき

冤罪が主張されている事件に私がはじめて関与したのは、たしか一九七六年。狭山事件控訴審が、一〇年にわたる弁護団の努力のかいなく、無期懲役の判決に終わった一九七四年から二年後のことであったと思う。弁護団では上告審に向けて、事務局を中心に争点の総点検が行われた。なかでも被告石川一雄さんの自白は大きな問題として取り上げられた。もし石川さんが無実だとすれば、なぜ女子高生への誘拐・強姦・殺人・死体遺棄などという大事件を自白したのか。またその自白をなぜ第一審においても維持したのか。この問題をめぐって拡大弁護団会議のかたちで、精神科医、心理学者を含めて「自白研究会」が開かれることになったのである。当時弁護団事務局にいた知り合いを通して、私はそこに参加することを要請された。それが最初のきっかけであった。

そのころ私は、子どものことばの発達をテーマに心理学を勉強しはじめたばかりの研究者の卵でしかなかった。刑事事件の自白問題に、ごくありきたりの関心をもってはいても、専門的な研究はおろか、これにかかわる文献一つ読んだことがなかった。ただ心理学をやっているというだけで声がかかったのである。にもかかわらず、根が断り下手だったためか、それとも研究室に閉じた心理学に疑問をもっていたためか、私はついフラフラとこの世界に足を踏み入れる結果となった。もっとも、いま思い返してみて、これを後悔したことは一度もない。刑事事件の周辺で展開される人間模様はそれだけ興味深かったし、研究などという域を越えて、この世の現実に文字通り義憤を感じるという経験も味わった。それはほんとうに貴重な体験であった。

しかし同時に、それはまさに泥沼の世界でもあった。一歩踏み入れた足はすぐに膝まで泥に埋まり、やがて腰まで泥水におおわれ、気がついてみると首まで浸かってアップアップしている。実際、関与した事件のほとんどが容易には解決しないのである。狭山事件の石川さんは仮釈放で獄から出てくることができたものの、いまだに再審の門が開かれない。第四章で見た袴田事件もなお再審請求中で、袴田巌さんは長期拘禁のために精神に異常をかかえたまま、確定死刑囚として獄のなかに囚われている。

そのなかで第二章の甲山事件は、私がこれまで関与した十数件の事件のうち、無罪で確定した数少ない事件の一つである。一九七八年に甲山事件が裁判に持ちこまれたとき、先の狭山事件「自白研究会」はめぼしい成果を上げることができないまま頓挫していたのだが、その研究会のメンバーであった弁護士が甲山弁護団にくわわって、そこから私もこの弁護活動に引き入れられることになった。知的障害児たちの目撃供述をどう考えればよいかの問題を、特別弁護人という立場で弁護士さんたちと一緒に議論する機会を与えられただけでなく、その供述分析の作業が一段落ついたところで、自白にかかわる弁護団会議にも一員として加えてもらい、被告人の立場にいた山田さんからじっくり話を聞くことができた。刑事裁判への本格的なかかわりは、私にとってはこの甲山事件が最初である。実質六年間の活動ののち、一九八五年に最終弁論で法廷に立ったときの緊張や、判決公判で裁判長の「被告人は無罪」の声を聞いたときの喜びと深い安堵は、いまでも忘れられない。しかしその無罪が確定するまでに、さらに二〇世紀も終わり近くなるまで、一四年の歳月を要するとは思ってもみなかった。無実の人がその無実を認められるまでに、いったいどれほどの時間と労力を要するのか。甲山事件の二五年を振り返ると暗澹たる思いにかられる。

ともあれ、そのようにして泥沼の世界に浸かりながら、実際の事件のなかで自白の問題を考え続けてきた。その結果を『自白の研究』(三一書房)にまとめたのが、いまから九年前のことである。無実の人がなぜうその自白に落ちいってしまうのか。それだけを取り出してみれば、まことに不思議なことだと思われるかもしれない。しかし具体的な取調べや裁判の状況を被疑者・被告人の立場から見てみれば、それは実のところ不思議でもなんでもない。彼らはけっして異常な心理状態におかれて自白するのではない。むしろ状況の異常性にさらされて、どうにかそこで精神の正常をたもつために自白するのだといってもよい。そのことを具体的な事例に即して記述してみたのである。幸いこの本は、法にかかわる研究者・実務家たちから好意的に迎えられた。ただ少々大部に過ぎて、一般の人々に読んでもらえるものにはならなかった。一部の方からは、これをもう少しコンパクトにして別著にまとめてみればどうだろうとお薦めをいただいたりもした。

今回、この新書の一冊として虚偽自白問題をまとめる気持ちになったのは、そのおかげである。ただしできあがった本書は、先の本のダイジェストではない。読み物として読んでもらえるように、四つの事件を軸に自白過程のそれぞれの様相を具体的に説くことに主眼をおいて、理論的な話はできるだけ割愛した。これだけでは足りないという方には、ぜひ『自白の研究』をお読みいただきたい。

裁判と心理学は、当初、私のなかでまったく別々の仕事としてあって、まるで二足の草鞋の気分でいた。それが二〇余年をへたいま、ようやく一本の道におさまりつつあるような予感がしている。また昨秋立ち上げられた「法と心理学会」も順調に動きはじめ、自白や目撃供述など、問題関心を共有できる研究者が広がってきたことを何より心強く感じている。しかし他方で問題は山積したまま、なかなか片づいていかない。松川裁判で見事な供述分析をやってのけた広津和郎氏のひそみにならって、「忍耐強く、執念深く、みだりに悲観もせず、楽観もせず」の思いをかみしめながら、作業をつづけていく以外にないと思っている。

本書の執筆についてはいろいろな人たちからご助力をいただいた。宇和島事件についての第一章は当事者のAさんと松本宏弁護士、甲山事件の第二章は山田悦子さん、仁保事件の第三章は弁護団の一員であった西嶋勝彦弁護士、そして袴田事件の第四章は、再審弁護団の同じく西嶋弁護士と田中薫弁護士に、それぞれ原稿の段階で読んでいただき、貴重なご意見をいただいた。なお四事件のうち、仁保事件だけは、私がこの世界に浸かりこむ以前の事件である。過去の冤罪事件をあらためて検討しなおしたいと思うようになって、私が純粋に研究目的で調べはじめた最初の事件なのだが、その資料調査は文部省科学研究費（一一六二一－〇〇六七）からの助成によっている。最後に本書執筆の仲立ちをしていただいた山田馨さん、直接編集に携わりいろいろご助言いただいた早坂ノゾミさんにあらためてお礼を申し上げたい。くわえて、いつも最初の読者でありつづけている妻きよ子に感謝する。

浜田寿美男

二〇〇一年一月二五日

浜田寿美男

1947年香川県に生まれる
1976年京都大学大学院文学研究科博士課程修了
現在一奈良女子大学名誉教授
専攻一発達心理学および法心理学
著書一『障害と子どもたちの生きるかたち』(岩波現代文庫, 2009年)
『自白の研究』(三一書房, 1992年)
『発達心理学再考のための序説』(ミネルヴァ書房, 1993年)
『意味から言葉へ』(ミネルヴァ書房, 1995年)
『私の中の他者』(金子書房, 1998年)
『「私」とは何か』(講談社, 1999年) ほか

自白の心理学　岩波新書(新赤版)721

2001年3月19日　第1刷発行
2014年6月5日　第12刷発行

著　者　浜田寿美男《はまだすみお》

発行者　岡本　厚

発行所　株式会社 岩波書店
〒101-8002 東京都千代田区一ツ橋2-5-5
案内 03-5210-4000　販売部 03-5210-4111
http://www.iwanami.co.jp/

新書編集部 03-5210-4054
http://www.iwanamishinsho.com/

印刷・精興社　カバー・半七印刷　製本・中永製本

ISBN 4-00-430721-X　Printed in Japan

岩波新書新赤版一〇〇〇点に際して

ひとつの時代が終わったと言われて久しい。だが、その先にいかなる時代を展望するのか、私たちはその輪郭すら描きえていない。二〇世紀から持ち越した課題の多くは、未だ解決の緒を見つけることのできないままであり、二一世紀が新たに招きよせた問題も少なくない。グローバル資本主義の浸透、憎悪の連鎖、暴力の応酬――世界は混沌として深い不安の只中にある。

現代社会においては変化が常態となり、速さと新しさに絶対的な価値が与えられた。消費社会の深化と情報技術の革命は、種々の境界を無くし、人々の生活やコミュニケーションの様式を根底から変容させてきた。ライフスタイルは多様化し、一面では個人の生き方をそれぞれが選びとる時代が始まっている。同時に、新たな格差が生まれ、様々な次元での亀裂や分断が深まっている。社会や歴史に対する意識が揺らぎ、普遍的な理念に対する根本的な懐疑や、現実を変えることへの無力感がひそかに根を張りつつある。そして生きることに誰もが困難を覚える時代が到来している。

しかし、日常生活のそれぞれの場で、自由と民主主義を獲得し実践することを通じて、私たち自身がそうした閉塞を乗り超え、希望の時代の幕開けを告げてゆくことは不可能ではあるまい。そのために、いま求められていること――それは、個と個の間で開かれた対話を積み重ねながら、人間らしく生きることの条件について一人ひとりが粘り強く思考することではないか。その営みの糧となるものが、教養に外ならないと私たちは考える。歴史とは何か、よく生きるとはいかなることか、世界そして人間はどこへ向かうべきなのか――こうした根源的な問いとの格闘が、文化と知の厚みを作り出し、個人と社会を支える基盤としての教養となった。まさにそのような教養への道案内こそ、岩波新書が創刊以来、追求してきたことである。

岩波新書は、日中戦争下の一九三八年一一月に赤版として創刊された。創刊の辞は、道義の精神に則らない日本の行動を憂慮し、批判的精神と良心的行動の欠如を戒めつつ、現代人の現代的教養を刊行の目的とする、と謳っている。以後、青版、黄版、新赤版と装いを改めながら、合計二五〇〇点余りを世に問うてきた。そして、いままた新赤版が一〇〇〇点を迎えたのを機に、人間の理性と良心への信頼を再確認し、それに裏打ちされた文化を培っていく決意を込めて、新しい装丁のもとに再出発したいと思う。一冊一冊から吹き出す新風が一人でも多くの読者の許に届くこと、そして希望ある時代への想像力を豊かにかき立てることを切に願う。

（二〇〇六年四月）

岩波新書より

宗教

カラー版